Balsam für die Seele

Glück

Norbert Lechleitner

BALSAM FÜR DIE SEELE

Glück

Überraschende Weisheitsgeschichten, die inspirieren

HERDER

FREIBURG · BASEL · WIEN

HERDER spektrum Band 6619

MIX
Papier aus verantwortungsvollen Quellen
FSC® C106847
FSC
www.fsc.org

www.herder.de

Umschlaggestaltung und Schmuckvignetten: Nina Chen
Satz: Layoutsatz Kendlinger
Herstellung: fgb · freiburger graphische betriebe
www.fgb.de

Printed in Germany

ISBN 978-3-451-06619-1

Inhalt

Vorwort

Schon die alten Griechen überlegten, was man tun muss, um ein glückseliges Leben zu gestalten. Ging es früher darum, Vorstellungen und Regeln zur Erlangung der Glückseligkeit zu entwickeln, ist man heute eher der Meinung, das Glück sei eine Sache, die einem zustehe. Man müsse sein Geld nur für die richtigen Dinge ausgeben: für Mode und Wellness, für neueste Technik und ein wenig Luxus. Man habe es sich ja verdient – was auch bedeutet: Gib uns dein Geld, du kannst es dir leisten. Die Verführten sind nach einer Weile unzufrieden und versuchen im Casino des Lebens von Neuem ihr Glück.

Immer noch glauben Glückssucher, das Glück wohne hinter glitzernden Fassaden. Doch statt dass sie umhereilen, um das Glück zu suchen, wäre es besser, einmal innezuhalten, damit das Glück sie finden kann. In der Zwischenzeit mögen auch die Geschichten dieses Buches ein wenig zum Glücklichsein helfen. Das wünscht Ihnen

Norbert Lechleitner

1. Lehre

Jeden Morgen sprach der Meister zu seinen Schülern über Demut und Güte, Nächstenliebe und Entsagung und andere Aspekte des geistigen Lebens.

An diesem Tag wollte er gerade mit seinem Vortrag beginnen, als draußen vor dem geöffneten Fenster eine Lerche ihr Lied erschallen ließ. Alle hörten ihr zu, und als der letzte Ton verklungen war, stand der Meister auf und sagte: „Für heute ist die Unterweisung beendet."

2. *Einfaches Mittel*

Der Meister sagte: „Wenn das Gemüt heiter und ausgeglichen ist, wird sich nicht nur der Körper wohlbefinden, dann kann die ganze Welt glücklich werden. Doch jeder muss selbst entdecken, was ihn beglückt.

Der Wunsch, die Welt zu verändern, ohne seine eigene innere Wahrheit gefunden zu haben, gleicht dem Versuch, die Welt mit Leder zu überdecken, damit sich niemand an Dornen und spitzen Steinen verletze.

Es ist viel einfacher, Schuhe zu tragen."

3. *Befreiung*

Zwei Männer waren unterwegs zu einem fernen Ort. Der eine hatte keinen Pfennig in der Tasche, der andere besaß drei Goldstücke. Der Arme ging beherzt und furchtlos seinen Weg, denn er fühlte sich sicher. Auch an gefährlichen Plätzen schlief er ruhig und tief und wachte am Morgen ausgeruht und gestärkt auf. Der Besitzer der drei Goldstücke wagte aus Furcht vor Dieben nicht zu schlafen.

Eines Abends gelangten die beiden Wanderer an einen Brunnen. Dies war ein gefährlicher Ort zum Übernachten, denn viele Wege führten zu der Wasserstelle. Der Arme legte sich zum Schlafen nieder, doch der Besitzer der drei Goldstücke fing an zu jammern: „Du hast es gut, legst dich einfach hin und schläfst ein. Ich aber muss um mein Leben fürchten, denn dies ist ein gefährlicher Platz, und ich habe drei Goldstücke, die mich aus Furcht, überfallen zu werden, nicht schlafen lassen. Was soll ich nur tun?“

„Gib mir deine drei Goldstücke, und ich will dich von deiner Angst befreien“, sagte der Arme. Er erhielt die drei Goldstücke und warf sie in den Brunnen. „Jetzt bist du deiner Furcht entkommen und kannst ruhig schlafen.“

4. Lebensglück

Zum Meister kam ein Mann und bat ihn, er möge einen Gedanken niederschreiben, der ihm und seiner Familie Anregung und Verpflichtung sein möge, damit das Glück seinem Hause gewogen bleibe.

Der Meister nickte nachdenklich. Dann nahm er einen Stift und schrieb:

Vater stirbt. Sohn stirbt. Enkel stirbt.

Das war nun gar kein so weises und glückverheißendes Motto in dem Sinne, wie es sich der Mann erhofft hatte. „Willst du mich verhöhnen?", rief er verärgert. „Natürlich werden wir alle sterben. Aber das ist doch kein Glücksmotto, das meiner Familie hilft!"

„Ich hatte nicht die Absicht, dich zu verärgern", sagte der Meister. „Und der Gedanke, den ich dir aufgeschrieben habe, ist tatsächlich ein Gedanke des Glücks. Denn bedenke das

Unglück, wenn dein Sohn vor dir sterben würde. Wenn dein Enkel vor deinem Sohn sterben würde, wie stände es dann um euer Glück? Wenn in deiner Familie viele Generationen lang in der von mir geschriebenen Reihenfolge gestorben wird, so ist das der natürliche, von keinen schmerzlichen Verlusten erschütterte Ablauf des Lebens. Das nenne ich wahres Glück."

5. Wendung

Ein Dieb war bei Nacht in das Haus eines Buchhalters eingedrungen, der bei einem Geldwechsler arbeitete und wegen seiner guten Stellung im ganzen Bezirk als ein reicher Mann galt. Doch in Wirklichkeit hatten er und seine Frau kaum das Nötigste zum Leben, denn der Geldwechsler war überaus geizig und hartherzig. Suchend stolperte der Dieb in der Dunkelheit herum und wurde wütend, weil er gar nichts Wertvolles finden konnte. Da schlich er zu dem schlafenden Buchhalter, setzte ihm das Messer an die Kehle und rief: „Her mit dem Geld!"

„Aber wir haben doch keinen Pfennig", japste der verzweifelte Mann. Von dem Tumult war auch seine Frau erwacht, die alles mitangehört hatte.

„Ist dir etwa dein Geld lieber als dein Leben?", rief sie. „Wenn er hier nichts gefunden hat, kann er alles mitnehmen, was er im nächsten Zimmer findet!"

Kaum hatte der Dieb diese Worte vernommen, eilte er in der Hoffnung auf reiche Beute ins Nebenzimmer. Eben hatte er den leeren und fensterlosen Raum betreten, als hinter ihm die Tür zukrachte und verriegelt wurde. Da tobte und jammerte der Dieb, versprach Schonung und schwor Rache in einem Atemzug. Allmählich wurde er ruhiger und bat, dass sie ihn freilassen mögen, er würde sie auch reich belohnen. Doch die Frau sagte: „Du wirst mit dem Messer auf uns losgehen. Wenn wir dir glauben sollen, schieb erst dein Messer unter der Türe durch."

Der Dieb tat wie ihm geheißen und rief: „Jetzt lasst mich aber laufen!"

„Wie kann ich dich laufen lassen, wenn wir diesen Monat noch nichtmals die Miete haben zahlen können?", fragte die Frau.

„Wenn's weiter nichts ist, ich zahle die hundert Taler, aber lasst mich endlich laufen."

„Wie kann ich dich laufen lassen", fragte die Frau, „wenn wir noch zweihundert Taler Schulden bei den Kaufleuten haben?"

„Ich übernehme auch diese Schulden", versprach der Dieb, „aber lasst mich nun endlich frei!"

„Aber unsere Tochter soll nächsten Monat heiraten, wie können wir da die sechshundert Taler für die Hochzeit aufbringen?", klagte die Frau.

„Auch diese sechshundert will ich euch geben, wenn ihr mir die Freiheit wieder gebt", schwor der Dieb.

„Aber wovon sollen wir unserem einzigen Kind das Hochzeitskleid bezahlen, das sicher hundert Taler kosten wird?"

„Ich gebe euch die verwünschten tausend Taler, wenn ihr mich nur endlich freilasst!", heulte der Dieb.

„Also gut“, sagte die Frau, „da du mich so dringend bittest, will ich die tausend Taler gerne von dir annehmen und dich freilassen, sobald ich sie von deiner Frau bekommen habe. Gib mir ein Zeichen von dir, das deine Frau erkennt und mir das versprochene Geld übergibt.“

Der Dieb schob seinen Siegelring unter der Türe durch, und die Frau lief gleich fort und kehrte bald um tausend Taler reicher zurück. Sie öffnete die Tür und ließ den Dieb heraus.

„Beehre uns doch bald wieder mit deinem Besuch!“, sagte sie spöttisch.

„Erst wenn ich wieder tausend Taler beisammen habe!“, rief der Dieb und eilte davon.

6. Gerüchteküche

Ein reicher Händler hatte im Ort viele Neider. Über den Erfolg seiner Geschäfte und über seinen Reichtum wurde in der Öffentlichkeit viel geredet. Und kein Gerücht machte schneller die Runde, als wenn es den Erfolg oder Misserfolg seiner Geschäfte zum Inhalt hatte.

Der Händler fuhr mit seinen Waren zu den großen Märkten der Nachbarorte und bot sie dort an. Seit einiger Zeit hatte er die Gewohnheit angenommen, am Ende eines erfolgreichen Tages mit düsterer Miene heimzukehren und abends in seinem Haus kein Licht zu machen. Hatte er an einem Tage keinen sonderlich guten Umsatz erzielen können, kam er lachend und fröhlich nach Hause und ließ die Lampen in allen Räumen brennen.

Sein bester Freund, der mit den Vorgängen

im Geschäft gut vertraut war, fragte ihn nach einiger Zeit: „Erkläre mir, warum du an schlechten Tagen fröhlich bist und dein Haus hell erleuchtest und an guten Tagen dich genau gegensätzlich verhältst? Erst habe ich gedacht, das sei nur eine spontane Idee von dir. Aber jetzt treibst du es schon seit Wochen so."

Grinsend sagte der Händler: „Dir will ich gerne mein Geheimnis verraten. Du weißt doch, wie neidisch und schadenfroh all die Klatschmäuler hier im Ort sind. Und ich wollte mich nicht länger doppelt ärgern, nämlich darüber, dass das Geschäft an manchen Tagen schlecht gelaufen ist, und noch zusätzlich über die Spötter, die sich über meinen schlechten Tag auch noch das Maul zerreißen. Vor Wochen fasste ich einen Entschluss, der mir meinen Seelenfrieden wiedergegeben hat.

Wenn ich nach einem guten Geschäft nach Hause komme, dann mache ich kein Licht an, denn ich bin froh und glücklich. Also sollen auch meine Feinde und Neider glücklich sein, indem ich sie denken lasse, dass ich einen schlechten Geschäftstag hatte.

Wenn ich aber an einem Tag wenig Erfolg hatte und ich schlechte Laune habe, dann lasse ich mein Haus hell und freundlich erscheinen. Das hebt meine Stimmung, vor allem weil sie draußen jetzt denken, dass ich viel verdient habe und sich nun darüber ärgern.“

7. *Genau jetzt*

Ein Schnorrer hielt einen gut gekleideten Herrn auf der Straße an und klagte, er habe schon seit zwei Tagen keinen Bissen mehr gegessen. Er machte einen so erbärmlichen Eindruck, dass der Passant ihm ein großes Geldstück gab.

Einige Zeit später betrat der Herr ein vornehmes Café, in dem er eine Verabredung hatte, und sah den Schnorrer behaglich in einer Ecke sitzen und ein großes Stück Kuchen essen. Empört, seine Mildtätigkeit so unverschämt ausgenutzt zu sehen, ging er auf den Schnorrer zu und herrschte ihn an: „Dazu gehen Sie also betteln, damit Sie sich den Bauch mit Kuchen vollschlagen können?"

„Also, das ist wirklich ein starkes Stück, mich zu beschimpfen, weil ich ein Stück Kuchen esse!", empörte sich der Bettler. „Als ich keinen Pfennig in der Tasche hatte, konnte ich keinen Kuchen essen. Jetzt, da das Glück mir geholfen hat, zu ein paar Mark zu kommen, darf ich keinen Kuchen essen. Sagen Sie mir doch, mein Herr, wann soll ich eigentlich ein Stück Kuchen essen?"

8. *Unerfüllbar*

In uralten Märchen verschiedener Völker wird von einem König erzählt, der einem alten Weisen einen Wunsch erfüllen will. Der Weise hatte sich gewünscht, dass der König ihm seine Schale mit Goldstücken füllen möge. Das schien dem König eine Kleinigkeit zu sein, doch groß war seine Verwunderung, dass die Schale nicht voll wurde, obwohl doch schon ein ganzer Sack mit Gold in sie geleert worden war. Der König hatte sogar den Eindruck, dass die Schale immer leerer wurde, je mehr Gold er hineingab. Das Gefühl der Scham und Enttäuschung beschlich ihn, dass er dem Alten einen einfachen Wunsch nicht erfüllen könne.

„Wenn du mir die Schale nicht wie versprochen füllen kannst, so sage es nur. Ich werde sie wieder an mich nehmen und gehen."

Nachdenklich sah der König den Weisen an. Wie konnte es geschehen, dass er mit seinem großen Reichtum und trotz all seiner Großzügigkeit die Schale nicht hatte füllen können?

„Sag mir, du Weiser, wie ist das möglich? Verrate mir das Geheimnis der Schale. Denn ein Zauber muss mit ihr verbunden sein."

„Diese Schale ist in der Tat eine besondere Schale", antwortete der Alte. Sie trägt das Geheimnis eines jeden Herzens in sich. Sie gleicht dem Herzen der Menschen, die nie zufrieden sind. Du kannst es füllen, womit du willst, mit Reichtum, Schönheit, mit Liebe, mit Wissen, mit Macht, mit Lebenslust, mit allem, was es gibt. Doch du wirst es nie füllen können, weil es nie erfüllt sein wird.

Weil der Mensch dieses Geheimnis des Lebens nicht kennt oder es vergessen hat, strebt er beständig nach allen Dingen, die er vor sich sieht; gleich wie der Esel, dem ein Bündel saftiger Klee an einer Stange vors Maul gebunden wurde. Und je mehr ein Mensch bekommt, desto mehr wünscht er sich, und die Schale seines Verlangens kann er niemals füllen."

9. *Wunschlos*

Ein Fischer zog sein Netz ein und fand darin eine alte Flasche. Er öffnete sie und erschrak nicht schlecht, als ihr ein gewaltiger Geist entstieg.

„Weil du mich befreit hast, gewähre ich dir drei Wünsche. Sag' mir deinen ersten Wunsch."

„Ich wünsche mir", sagte nachdenklich der Fischer, „dass du mich so klug machst, dass meine beiden anderen Wünsche vollkommen sind."

„Gewährt!", dröhnte der Geist. „Und nun deine Wünsche zwei und drei."

„Besten Dank!", sagte der Fischer. „Ich habe keine Wünsche mehr."

10. Fortschritt

Ein Gelehrter, der mit Staatsgeschäften befasst war, sah bei einer seiner Reisen durch die Provinz einem Gärtner bei der Arbeit zu. Der alte Mann plagte sich unter großen Anstrengungen, einen kleinen Graben vom Schöpfbrunnen zu seinen Gemüsebeeten zu ziehen. Dann zog er einen Eimer Wasser aus dem Brunnen heraus und leerte ihn in sein Grabensystem. Große Mühen für ein kleines Ergebnis.

„Wenn du dir eine automatische Wasserpumpe anschaffen würdest“, rief der Beamte, „dann könntest du ohne die geringste Anstrengung ganz nach Bedarf riesige Flächen bewässern, und dein Garten brächte die wunderbarsten Erträge hervor.“

„Ich brauche keine automatische Wasserpumpe, weil ich auch keine größeren Erträge brauche“, entgegnete der alte Gärtner und wollte wieder zur Arbeit ansetzen.

„Aber sie macht dir in deinem Alter das Leben leicht“, empfahl der Beamte.

„Genau darum geht es: Ums leichte Leben. Ich halte mich lieber an das, was mein Meister mich gelehrt hat: Wer die listigen Hilfsmittel benutzt, ist listig in seinen Angelegenheiten. Wer listig in seinen Geschäften ist, ist auch listig in seinen privaten Belangen. Wer listig in seinen privaten Belangen ist, ist auch listig in seinem Herzen. Und wer listig in seinem Herzen ist, kann nicht aufrichtig und ehrlich sein. Und wer nicht aufrichtig und ehrlich ist, der kann nicht ruhig im Geiste sein. Und wer ruhelos im Geiste ist, in dessen Seele kann die Harmonie nicht wohnen.

Natürlich weiß ich um all die modernen Dinge, die morgen schon wieder veraltet sind. Aber ich würde mich schämen, sie zu benutzen.“

Da senkte der Beamte verlegen die Augen. Doch als er sich von dem Alten verabschieden wollte, fragte der ihn, wer er denn sei.

Und als er darauf antwortete, dass er ein bedeutender Staatsbeamter und großer Gelehrter sei, sagte der Gärtner: „So gehörst du zu denen, die ihr Wissen vermehren, um als weise zu gelten. Die als Politiker groß reden, um sich über die Menge erheben zu können. Die öffentlich Gutes tun, um ihre guten Namen zu verbessern. Doch erst, wenn du all diesen Dingen abschwören und Äußerlichkeiten beiseite legen könntest, dann erst würdest du dem Wesentlichen nahe kommen. Du aber bist nicht in der Lage, dich selbst zu regieren, doch schickst du dich an, andere, ja die Welt zu lenken.

Aber ich will dich nicht aufhalten, und du störe meine Arbeit nicht länger."

11. *Botschaft*

Ein Handelsherr hielt einen wunderschönen Papagei, mit dem er auch sprechen konnte, in einem goldenen Käfig. Da er geschäftlich in die ferne Heimat des Vogels reisen musste, fragte er ihn, ob er ihm etwas mitbringen solle.

„Das einzige Geschenk, das ich mir von dir erbitte, ist meine Freiheit", sagte der Papagei. „Da du mir die nicht geben willst, kannst du es auf deiner Reise vielleicht so einrichten, dass du meinen Brüdern und Schwestern im Urwald von mir erzählst, dass ich lebe, allerdings in Gefangenschaft."

Nachdem der Kaufmann seine Geschäfte abgewickelt hatte, ging er in den Dschungel. Und an einem Ort, an dem bunte Vögel im goldgrünen Licht umherflogen, erzählte er von seinem Papagei, der bei ihm zu Hause in einem goldenen Käfig lebe. Kaum hatte er geendet, da fiel ihm aus den Zweigen ein Papagei wie tot vor die Füße.

„Vielleicht ist dieser Vogel ein Verwandter meines Papageien, und die Nachricht hat ihn zu Tode getroffen", dachte betrübt der Kaufmann. Doch auf der Heimreise vergaß er den Vorfall und erinnerte sich erst wieder daran, als sein Papagei ihn fragte, ob er gute Nachrichten aus seiner Heimat mitbringe.

„Leider nein", sagte der Kaufmann und erzählte von den Ereignissen im Dschungel. „Einer deiner Verwandten fiel tot um, direkt vor mich hin, als ich von dir und deinem Leben bei mir erzählte. Es tut mir sehr Leid ..."

Doch da war der Papagei schon von seiner Stange gefallen. Den Schnabel leicht offen, die Krallen nach oben gestreckt, lag er erstarrt und wie tot auf dem Käfigboden.

„Ich bin der Überbringer schrecklicher Nachrichten", dachte der Kaufmann. „Nun hat die Botschaft vom Tod seines Verwandten auch ihn umgebracht."

Sehr traurig nahm er seinen Liebling auf und legte ihn behutsam auf die Bank des geöffneten Fensters. Als hätten die Sonne und der Wind ihn plötzlich wiederbelebt, flog der Papagei eilends auf einen nahen Baum.

„Verstehst du nun, dass manches ganz anders ist, als du denkst?", rief ihm der Vogel zu. „Was du für ein Unglück ansahst, war für mich eine gute Nachricht. Und du selbst, der du mich gefangen hieltest, hast mir die Botschaft gebracht, die zu meiner Befreiung führte."

Und er flog glücklich davon.

12. Segenswunsch

Ein Schüler, der nach Jahren der Lehre in die Welt hinausziehen wollte, bat seinen Meister um seinen Segen.

Der Meister legte seine rechte Hand auf die Schulter des Schülers und sagte: „Du sollst immer genügend Sorgen haben." Erstaunt sah der Schüler den Lehrer an und fragte ihn, was er ihm denn getan hätte, dass er ihm für die Zukunft Sorgen statt Glück und Segen wünsche.

„Deine Frage, mein Schüler, ist auch ein Zeichen dafür, dass du die Erleuchtung noch nicht erlangt hast. Denn ich sagte dir nichts anderes, als dass du dich immer der schönsten Gabe und des größten Glücks, nämlich deiner Gesundheit, erfreuen sollst. Denn sieh, der gesunde Mensch hat immer viele Sorgen. Der Kranke dagegen hat nur eine Sorge, nämlich die, gesund zu werden."

13. Erkenntnis

„Sage mir, Meister, was ich tun muss, um zu Gott zu gelangen“, bat ihn der Schüler.

„Um Gott erreichen zu können, musst du zwei Dinge wissen: Erstens, dass all dein Streben vergebens sein wird.“

„Und außerdem?“

„Zweitens, handle stets so, als ob du Ersteres nicht wüsstest“, empfahl ihm der Meister.

14. Gerecht

Zwei Freunde hatten die ganze Woche schwer gearbeitet, und da es nun Freitagabend war, wollten sie sich einige schöne Stunden gönnen.

„Gehen wir doch erst ins Badehaus, waschen den Schweiß herunter und entspannen uns! Dann gehen wir in die Moschee, anschließend etwas essen und dann nach Hause."

„Nein, das ist mir viel zu langweilig. Am Wochenende will ich mich austoben. Wir können ja erst ins Badehaus. Aber dann kaufen wir eine Flasche Schnaps und gehen zu den Frauen", schlug der Zweite vor. Weil sie sich nicht einigen konnten, gingen sie nach dem Bad getrennte Wege.

Der Erste ging in die Moschee. Als er nach dem Freitagsgebet wieder nach draußen trat, fiel ein Ziegel vom Dach herab und verletzte ihn arg an der Schulter. Der Zweite kaufte Schnaps und verbrachte die Nacht mit käuflichen Frauen. Als er im Morgengrauen nach Hause wankte, stieß sein Fuß an einen Geldbeutel, in dem hundert Dinare waren.

Am nächsten Arbeitstag erzählten sie einander, was sie erlebt hatten, und waren über die Wege des Schicksals sehr verwundert. Sie beschlossen, einen Imam über diese Ereignisse zu befragen.

Nachdem er sie angehört hatte, dachte der Schriftgelehrte ein wenig nach und erklärte ihnen dann die Zusammenhänge.

„Dem, der in der Moschee betete, war es eigentlich bestimmt, dass ihm an diesem Tage eine Trage Ziegelsteine von einem Baugerüst herab auf den Kopf hätte fallen sollen, was ihn zweifellos getötet hätte. Da er aber standhaft war und in die Moschee ging, hat der Herr der Welt sich seiner erbarmt, und den Schicksalsschlag gemildert.

Dem anderen war es für diesen Tag zugedacht, dass er einen Geldbeutel mit tausend Dinaren gefüllt hätte finden sollen. Wegen seines Betragens wurde aber beschlossen, seinen Fund um neunhundert Dinare zu kürzen."

15. Wild entschlossen

Einem Bauern, der auf dem Markt seine Waren anbot, war der Esel gestohlen worden. Wütend lief er überall herum, suchte seinen Esel, schrie und tobte, verwünschte den Dieb und fluchte mit lauter Stimme: „Der Dreckskerl, der mir meinen Esel geklaut hat, soll ihn sofort zurückbringen!“ Und mit zorngeschwellten Adern und rudernden Armen fügte er mit erstickter Stimme hinzu: „Sonst bin ich zum Äußersten entschlossen und sehe mich gezwungen, etwas zu tun, was ich mein Leben lang bereuen werde.“

Entsetzt wich die Menge ein wenig zurück, und plötzlich – in der Aufregung hatte niemand etwas bemerkt – war der Esel wieder da.

Da atmeten alle erleichtert auf, weil die Sache noch einmal gut ausgegangen war. Angeregt diskutierten die Leute das Ereignis, und jeder gab seine Meinung kund. Nur ein älterer Herr ging auf den Bauern zu und sprach ihn mit den Worten an: „Ich bin froh, dass du deinen Esel zurückbekommen hast und du deine fürchterliche Drohung nicht hast wahrmachen müssen. Sag mir, was wäre das denn gewesen, wenn du hättest zum Äußersten gehen müssen?"

„Ja dann wäre der letzte Ausweg wohl nur gewesen, mir einen neuen Esel zu kaufen. Und nun sag mir, ob ich dies nicht bis an mein Lebensende hätte bereuen müssen, bei dem wenigen Geld, das ich habe?"

16. Traumhaft

Das Licht der untergehenden Sonne schien die Melancholie des jungen Mannes noch zu verstärken. Vor zwei Tagen erst war sein Vater gestorben, und er hatte sich mit den neuen Umständen noch nicht abgefunden. Er sah sich in der unangenehmen Situation, auf dem Spielfeld des Lebens in die vorderste Reihe gerückt und der Ungewissheit nun schutzlos ausgesetzt zu sein. Mittellos war er als einziger Erbe des väterlichen Vermögens zumindest nicht. Und das prächtige Haus mit seinem herrlichen Garten konnte als der Ort seiner Kindheit und Jugend schöner nicht sein. Aber seinem Vater, der alle diese Schätze, die edlen Möbel, Stoffe, Leuchter und Gläser, die schönen Bäume und seltenen Pflanzen durch seine ehrgeizigen Geschäfte und sein unermüdliches Raffen zusammengetragen hatte, war es nie in den Sinn gekommen, sich seines Reichtums zu erfreuen. Sein Bestreben war es gewesen, seinen Besitz zu sichern und zu mehren und die Macht, die sein Geld ihm gab, dazu zu nutzen, noch mehr Geld und mehr Einfluss zu gewinnen.

So wollte er nicht leben. Das stand für ihn fest. Und sein Leben lang das Ererbte wie eine überkommene Last griesgrämig zu verwalten, das wollte er auch nicht. Er beschloss, das Leben zu feiern und mit dem Reichtum sich und anderen etwas Gutes zu tun.

Alsbald wurde sein Anwesen zum beliebten Treffpunkt echter und selbsternannter Freunde. Fröhliche Feste, wunderbare Konzerte, rauschende Bälle, grandiose Bankette lösten einander ab. Er gab das Geld mit vollen Händen aus, wies keine Bitte ab, unterstützte soziale und karitative Einrichtungen, und seine Spenden halfen, manche Not zu lindern. Er hängte sein Herz an keinen Besitz – bis ihm eines Tages nur das Haus und der Garten von all seinem ererbten Reichtum geblieben waren.

Die Zeit der Freuden und der vielen Freunde war nun vorüber. Mühsal trat an ihre Stelle, und fortan musste er von dem leben, was er in seinem Garten pflanzen und ernten konnte. Er arbeitete hart, grub und hackte, schnitt und reparierte, bewässerte und pflegte und rang dem heißen Klima des Südens seine kleine Ernte ab.

Eines Abends setzte er sich, erschöpft von den Mühen des Tages, unter den Feigenbaum und schlief ein. Da trat im Traum eine vermummte Gestalt auf ihn zu und zog ihm ein Goldstück aus dem Mund. „Dein Glück ist nicht hier. Gehe nach Norden. In Berlin wirst du es finden!“, raunte der Vermummte.

Der Gärtner nahm die Botschaft zum Anlass, sein Leben zu verändern. Er wollte noch etwas von der Welt sehen, bevor er zu alt dazu geworden wäre, und wenn etwas Glückliches dabei herauskommen würde – warum nicht einmal in den reichen Norden reisen? Er machte sich auf den Weg und stieg einige Tage später in Berlin aus dem Zug.

Nasskalt war das Wetter, und er schlug den Kragen seiner Jacke hoch. Er ließ sich von dem kühlen Empfang nicht verdrießen und schlenderte, neugierig auf die Stadt, die ihm Glück bringen sollte, durch die Straßen. Von einem Platz drang Lärm zu ihm her, und er wollte wissen, was da geboten wurde. Doch als er sich näherte, Krawall und Polizei bemerkte, wurde er plötzlich zu Boden gerissen. Er strampelte zwar und wehrte sich, aber es half nichts, er wurde mit anderen Menschen in ein Fahrzeug gesperrt und landete in einer Zelle.

Statt ins Glück war er mitten ins Elend geraten. Da saß er nun eingesperrt hinter Gittern, alle Knochen taten ihm weh, und es blieb ihm nichts, als alles weitere abzuwarten.

Stunden später nahm man seine Personalien auf, seine Fingerabdrücke wurden ihm abgenommen, und er wurde zum Verhör geführt. Als gut ausgebildeter Sohn eines reichen Vaters konnte er sich mit dem Kommissar auf Englisch verständigen. Seine Reisepapiere waren in Ordnung, seine Zugkarte bewies, dass er gerade erst angekommen war und mit den radikalen Demonstranten nichts zu tun hatte, und so war der Kommissar gar nicht so unfreundlich. Auf die Frage, was ihn nach Berlin führe, erzählte er bereitwillig seinen Traum.

„Sie wollen wirklich behaupten, Sie glauben an Träume und haben die lange Reise wegen einer Träumerei unternommen? Und die soll ausgerechnet hier in Berlin in Erfüllung gehen? Mann, hier herrscht die harte Wirklichkeit. Hier versuchen Tausende, wie du ihr Glück zu finden, und haben nur eine Menge Probleme bekommen. Mit Träumen kommt man in unserer Welt nicht weiter. Sonst könnte ich ja gleich mit Ihnen tauschen!", ereiferte sich der Kommissar.

„Warum sollten ausgerechnet Sie mit mir tauschen wollen?", fragte der Gärtner.

„Ja, wie soll ich das jetzt erklären", zierte sich der Kommissar sichtlich verlegen, aber dann, vielleicht weil ihm das Komische an der Situation aufging, sagte er: „Das ist mir so rausgerutscht. Bereits dreimal träumte ich von einem prächtigen Haus am Mittelmeer, umgeben von einem wunderschönen Garten. Darin ist ein alter Brunnen und daneben steht ein Feigenbaum. Und zwischen seinen Wurzeln ist ein sagenhafter Goldschatz vergraben. Reich sein und in der Sonne sitzen, das träumte ich. Aber das gibt es ja gar nicht. Ich bin schließlich Realist und kann auf solche Illusionen aus dem Unterbewusstsein nichts geben. Das sind nur Täuschungen und Trugbilder, die einen in die Irre führen. Also kehren Sie am besten um und fahren nach Hause zurück. Sie sehen ja, wohin das führt, wenn man an seine Träume glaubt."

Dieses Rates hätte es nicht mehr bedurft. Der Gärtner kehrte in seine Heimat zurück, grub den Schatz aus und lebte glücklich und freigebig bis an sein seliges Ende.

17. Einsicht

„Das Leben kann nur so schön sein, wie man es erkennen kann“, sagte der Meister, und er erzählte von dem Mann, der auf einem Esel die Landstraße entlang ritt.

Nach einiger Zeit überholte ihn ein Reiter auf einem edlen Pferd. „Der kann sich ein herrliches Pferd leisten, während ich mich mit einem Esel begnügen muss“, dachte er ein wenig neidisch.

Kurz darauf kam ihm ein Mann entgegen, der ächzend und schwitzend einen schwer beladenen Karren schob. „Ach, der arme Kerl muss sich abrackern“, sagte er zu sich, „während ich mir doch immerhin einen Esel leisten kann.“

18. Fähigkeiten

Als der Meister einmal einen Vortrag hielt, zu dem sehr viele Zuhörer gekommen waren, wurde er mitten in der Rede von einem Zuhörer unterbrochen, der ihn aus Missgunst öffentlich bloßstellen wollte.

„Mein Meister hat sehr viel größere Fähigkeiten als du!“, rief er. „Mein Meister kann aus der Kristallkugel lesen, durch Handauflegen heilen, und wenn ihm danach ist, wirft er ein Seil in die Luft und steigt daran zum Himmel hinauf, um sich mit den höheren Mächten zu beraten. Und welche Wunder kannst du tun, der du hier gelehrte Reden hältst?“

„Wenn ich hungrig bin, dann esse ich, wenn ich müde bin, dann schlafe ich“, sagte der Meister.

19. Gelassen

Es regnete in Strömen. Ein Mann hielt sich eine Zeitung über den Kopf und rannte los. Da bemerkte er seinen Nachbarn auf der anderen Straßenseite, der gemächlich nach Hause schlenderte.

„He, du wirst ja klatschnass!“, rief er ihm im Vorüberhasten zu. „Warum beeilst du dich nicht?“

„Da vorne regnet's auch!“, bekam er zur Antwort.

20. *Reklamation*

Rachel hatte ihren Sohn Aron gut eingecremt, setzte ihm noch ein leichtes Mützchen auf, damit ihr Liebling keinen Sonnenstich bekäme, drückte ihm Eimerchen und Schäufelchen in die Hände und legte sich mit einem dicken Schmöker auf die Liege unter dem Sonnenschirm. Spätestens beim Umblättern schaute sie nach Aron, doch der ließ am Wassersaum, im Spiel versunken, Holzstückchen als Kähne auf selbst gebauten Kanälen fahren.

Später konnte sie nicht sagen, wie alles gekommen war. Es waren knapp zwei friedliche Stunden am Strand gewesen, das Meer war ruhig, der Himmel blau, alles war wunderbar. Wie hätte sie ahnen können, dass aus dem Nichts eine gewaltige Welle heranrollte und Aron mit sich riss? Sein halberstickter Schrei ließ sie auffahren. Sie wollte sich ins Wasser stürzen, doch sie konnte ja nicht schwimmen. In ihrer Panik hob sie beide Arme zum Himmel und schrie: „Gib mir meinen Sohn zurück!"

Aron tauchte auf und wieder unter. Starr vor Entsetzen rief seine Mutter: „Du weißt, dass ich nicht schwimmen kann. Und dass ich nicht besonders religiös bin. Aber wenn Du ihn mir wiedergibst, will ich mich bessern und Dich auch nie wieder um etwas bitten!"

Als Aron zum dritten Mal auftauchte, schob ihn eine sanfte Welle bis auf den Strand. Rachel rannte zu ihrem Söhnchen, nahm ihn in ihre Arme, herzte und küsste ihn, prüfte, ob er gesund war. Dann hob sie die Augen zum Himmel und rief: „Und wo ist das Mützchen?"

21. *Einträglich*

In allen Reiseführern wurde das kleine, idyllisch in der Bucht gelegene Dorf als echter „Geheimtipp“ empfohlen, und die Gäste kamen in Scharen. Auf den Restaurantterrassen und in den Straßencafés genossen sie den herrlichen Ausblick auf das Meer, lobten die fangfrischen Meeresfrüchte, erfreuten sich am herben Wein der Gegend und waren für ein paar Stunden davon überzeugt, das hier das gute Leben zu Hause sei. Dabei übersahen sie geflissentlich die harte Arbeit der Familien, die in der Sommerhitze schufteten, damit die Touristen es sich gut gehen lassen konnten. Die Einheimischen aber klagten nicht. Sie waren froh, dass ihr kleiner Ort zu gewisser Berühmtheit gelangt war und ihnen im Sommer die Einkünfte ermöglichte, die ihnen das Überleben in den übrigen acht Monaten des

Jahres sicherten. Und seit ein Reiseführer sich bemüßigt gefühlt hatte, über den Ort etwas Neues und Originelles berichten zu wollen, war sogar ihr Dorftrottel weit über den Ort hinaus bekannt geworden und hatte sein Auskommen gefunden.

Der Reiseführer hatte nämlich berichtet, dass das Dorf romantisch sei, der Ausblick sei großartig, das Essen hervorragend und die Preise so günstig, dass sogar Mirco, der Dorftrottel, lieber die 25-Para-Münze als die 50-Para-Münze nähme, weil die nämlich größer sei als das kleinere Geldstück im Wert eines halben Dinars.

Und so machten sich viele Gäste einen Spaß daraus, nach der guten Küche auch noch den Mirco auf die Probe zu stellen. Der war immer in der Nähe der Restaurants anzutreffen, und wenn ein Gast ihn rief: „He, Mirco, komm' mal her!", ihm die zwei verschiedenen Münzen zur Auswahl hinhielt, dann in lautes Gelächter ausbrach, und Mirco dümmlich grinste, dann wollten auch die anderen Gäste die Probe aufs Exempel machen. Und ganz sicher nahm der Dorftrottel die große Münze, die nur den halben Wert der kleinen hatte.

Und auch die Einheimischen schmunzelten. Denn im Winter, als die Fremden weg waren und die Männer des Dorfes sich und auch dem Mirco ein Gläschen Wein gönnten, hat der Wirt ihn gefragt, warum er denn die große Münze nähme, wenn er doch die andere mit doppeltem Wert ebenso leicht haben könne.

„Nun ja", hat Mirco geantwortet und nahm erst noch einen tiefen Schluck, „so bescheuert bin ich nun auch wieder nicht, dass ich mir das Geschäft dadurch verderbe, dass ich das wertvollere Geldstück nehme. Statt zwei Münzen zur Auswahl würde man mir nicht mal eine einzige Para anbieten."

22. *Nichts für nichts*

Ein Kind fragt einen Verkäufer, ob er Eiscreme und Schokolade habe.

„Natürlich habe ich Eiscreme und Schokolade“, sagt der Verkäufer, „jede Menge sogar.“

„Und was machst du mit der vielen Eiscreme und der vielen Schokolade?“, fragt das Kind. „Würdest du mir vielleicht ein klein wenig davon umsonst geben?“

„Nein, auf gar keinen Fall. Weißt du denn nicht, dass man für nichts immer nur nichts bekommt? Da warte ich doch lieber, dass ein Käufer kommt, der auch bezahlt“, antwortet der Händler.

Nachdenklich fragt das Kind: „Warum isst du denn nicht selber alles auf? Kannst du durch den Verkauf noch etwas Schöneres bekommen?“

23. Ökonomisch

Die Bucht war traumhaft schön, aber der Weg dorthin war eine einzige Strapaze, die nur mit dem Geländewagen zu bewältigen war. Ich hatte dort für ein Planungsvorhaben umfangreiche Landvermessungen durchzuführen und rumpelte fast jeden Tag erst über vom Monsun tief ausgewaschene Karrenwege, dann querfeldein über Schotter und Geröll und durch dürres Gestrüpp.

Als ich eines Abends in das Dorf mit dem einzigen kleinen Hotel der Gegend zurückfuhr, kam der Wagen ein wenig ins Rutschen und riss sich an einem Felsbrocken den Auspuff halb ab. Mit einem Stück Draht befestigte ich ihn notdürftig und fuhr mit lautem Gedröhn weiter.

Im Dorf schien von dem Lärm niemand Notiz zu nehmen, und auch als ich die kleine Autowerkstatt erreichte, hob der Besitzer, der rauchend vor seinem Haus saß, nicht einmal den Kopf. Ich ging zu ihm und fragte, ob er den Auspuff reparieren könne. Er nickte.

Ob er die Arbeit gleich morgen durchführen könne? Es sei sehr dringend, erklärte ich mit Nachdruck.

Er drehte langsam den Kopf und rief über die Schulter ins Haus: „Wie viel Geld haben wir noch?"

Tür und Fenster standen wegen der Abendbrise offen, und ich hörte drinnen seine Frau hantieren, die ihm eine Summe zurief.

„Morgen nicht", sagte er. „In zwei, drei Wochen."

Aber das sei unmöglich, er könne mich doch nicht so hängen lassen, schließlich sei ich auf den Wagen angewiesen, ereiferte ich mich, denn es fiel mir immer noch nicht leicht, mit der Behäbigkeit dieser Menschen klarzukommen.

„Sie werden verstehen, Mister“, bequemte er sich zu einer Antwort, „wenn wir noch so viel Geld haben, werde ich doch jetzt nicht arbeiten. Und außerdem fährt ihr Wagen ja noch!“

Was soll man dazu noch sagen?

24. Danken

Der Meister versäumte es nie, Gott zu danken, gleichgültig wie gut oder schlecht die Zeiten auch sein mochten.

Eines Tages, als ein wilder Sturm die Bäume schüttelte und der Regen sich wie aus Kübeln über die Gemeinde ergoss, rätselten die Schüler, was ihn bei diesem schrecklichen Wetter zu freudigen Dankesworten veranlassen könnte.

„O Gott", sagte der Meister, „heute ist hier ein wirklich unangenehmer Tag. Aber wir danken dir, Gott, dass nicht jeder Tag so schrecklich ist."

25. Wertschätzung

„Es ist einfach grässlich, hier in der Klinik zu sein und sich diesen Schwachsinn anhören zu müssen: ‚Das wird schon wieder!' Was soll werden? Ich bin fertig mit dem Leben. Keine Aussicht, dass es besser wird. Hat doch alles keinen Sinn!"

So klagte der ältere Mann sein Leid dem guten Freund aus besseren Tagen, der ihn nach seinem Zusammenbruch besuchte. „Etwas mehr Hoffnung und Zuversicht könnte dir schon hilfreich sein", empfahl er dem Patienten.

„Hoffnung worauf?"

„Hast du Schmerzen?"

„Nein. Jetzt nicht."

„Weißt du noch, wie du dich fühltest, als die Schmerzen endlich verschwunden waren? War das nicht prima?"

„Was soll das unter diesen Umständen? Mir geht's mies und hier ist es scheußlich."

„Schmeckt dir wenigstens das Essen?"

„Ich hatte ja keine Wahl. Soll ich denn verhungern?"

„Hat dir nicht doch etwas geschmeckt?"

„Na ja. Der Eisbecher mit Sahne war nicht schlecht."

„Dann denk' doch an Eisbecher mit Schlagsahne, träume dir noch ein hübsches Café dazu und deine Frau an deiner Seite, dann fühlst du dich gleich besser."

„Verschone mich bitte mit diesem Blödsinn."

„Verzeih! Ich wollte dich nicht kränken. Aber verrate mir bitte, warum du den Eisbecher mit Sahne genossen hast?"

„Weil ich, verdammt noch mal, nichts anderes hatte!"

„Genau, mein Freund."

26. Unbelastet

Der Tod macht alle gleich, doch die Lebenden wollen es nicht wahrhaben“, sagte der Meister.

„Zwei junge Männer standen einmal vor den Gräbern ihrer Väter, die beide im gleichen Jahr gestorben waren. Das Grab des reichen Händlers war mit Säulen und Figuren aus Marmor überladen, und daneben wirkte das Grab des bescheidenen Handwerkers fast armselig.

‚Sieh nur wie der Marmor glänzt und wie die goldene Inschrift leuchtet‘, rief der Sohn des Händlers aus. ‚Dieser trauernde Engel sieht so lebensecht aus, dass er einem ans Herz rührt. Und die weiße Grabplatte ist eine Spanne dick und musste mit Seilwinden aufgelegt werden. Da sieht man doch, dass hier eine bedeutende Persönlichkeit begraben liegt.

Daneben sieht das Grab deines Vaters ja nun

wirklich schlicht aus: Ein paar Steine und ein wenig Erde dazwischen, was ist das schon?‘

Der Sohn des Handwerkers war bei den prahlenden und anmaßenden Worten seines Nachbarn ganz ruhig und gelassen geblieben. Nun aber sagte er: ‚Wie ich hörte, ist dein Vater keines leichten Todes gestorben, weil er von all seinem Reichtum lassen musste. Und darum habt ihr wohl ihm zum Trost dieses Mausoleum errichtet. Doch bis dein Vater sich unter dem Marmorberg auch nur umdrehen kann, ist mein Vater schon im Paradies angelangt!‘“

27. *Wunsch*

Ein blinder Mann lebte mit seiner Frau in einer armseligen Hütte. Das Schicksal hatte ihnen keine Kinder beschert. Sie lebten mehr schlecht als recht, ohne dass jemals ein Wort des Zornes über ihr beschwerliches Leben gefallen wäre. Einmal saß der Blinde am Ufer des Flusses und hielt eine Angel ins Wasser. Plötzlich zupfte es an der Leine. Immer heftiger wurde das Rucken, und er musste seine ganze Geistesgegenwart und Kraft aufwenden, um den Fisch an Land zu ziehen. So einen großen Fisch hatte er noch nie gefangen. Er würde sie lange ernähren.

„Guter Mann, mach mich los!“, tönte plötzlich eine tiefe Stimme. „Wirf mich zurück ins Wasser! Bitte!“

„Wer spricht denn da?“, rief verwirrt der Blinde.

„Ich, der Fisch, den du gerade geangelt hast!"

„Du willst einen blinden Mann betrügen! Fische können nicht reden!"

„Aber ich kann sprechen. Ich bin der König der Lachse. Ich komme jedes Jahr hier vorbei. Ich weiß, wer du bist!"

„Du kannst sprechen? Und weißt, wer ich bin?", stotterte der Blinde.

„Ja, weil ich der König der Lachse bin. Ich weiß, dass du ein guter Mann bist. Ich weiß, dass du und deine Frau ein karges Leben fristen. Aber ihr seid nicht verbittert und habt gegen euer Schicksal keine Klage geführt. Deswegen ist es mir erlaubt, dir einen Wunsch zu erfüllen, wenn du mich frei lässt", sagte der Fisch. – „Und das soll ich glauben? Und frei lassen soll ich dich auch? Und was soll ich mit einem einzigen Wunsch? Ich bin arm, blind und kinderlos!"

„Überlege nicht zu lange, sonst bin ich dir unter der Hand gestorben", keuchte der Lachs.

„Wenn du mich frei lässt, komme ich morgen zur gleichen Stunde hierher und erfülle dir deinen Wunsch."

„Nun, was habe ich schon zu verlieren, außer einen Fisch?", überlegte der Blinde. „Ich kann einen anderen fangen. Und außerdem hat mir noch nie jemand ein solches Angebot gemacht. Gut, einverstanden! Ich werfe dich zurück ins Wasser. Dann werde ich mich mit meiner Frau beraten. Morgen werde ich wissen, ob du mich belogen hast."

Vorsichtig tastend löste er den Angelhaken aus dem Maul des Fisches und warf ihn mit Mühen zurück ins Wasser.

„Welchen Wunsch wollen wir denn nennen, wenn wir schon zwanzig Wünsche äußern könnten, um unsere ärgste Not zu lindern?", fragte der Blinde seine Frau.

„Leg dich nur hin und ruhe dich aus", sagte seine Frau, immer noch über sein Abenteuer lächelnd. „Ich weiß ganz genau, was du uns morgen wünschen sollst – uns, die wir mit Armut, Blindheit und Kinderlosigkeit geschlagen sind."

Am nächsten Morgen saßen sie beide am Ufer des Flusses und rätselten, ob der große Lachs wohl kommen werde. Da hörten sie ein Rauschen zu ihren Füßen, und der König der Lachse schaute zum Wasser heraus. „Nun hier bin ich. Ich halte meine Versprechen. Ich werde dir deinen Wunsch erfüllen, falls du mir einen nennen willst", sagte der Fisch.

„Ja, also, ich wünsche mir", sagte der Blinde, und er drückte die Hand seiner Frau ganz fest, „dass ich alle meine gesunden Kinder von goldenen Tellern essen sehe!"

Der Wunsch wurde erfüllt. Der Mann, seine Frau und seine prächtige Kinderschar lebten glücklich und zufrieden.

28. Anders als erhofft

Ein Bauer fühlte, dass seine Zeit gekommen war. Er hatte nur den einen Wunsch, dass seine Söhne die Arbeit in der Landwirtschaft auch in der nächsten Generation fortführen möchten. Darum rief er sie zu sich und sagte zu ihnen: „Kinder, ich scheide bald aus dem Leben. Ihr aber werdet, wenn ihr nur gründlich sucht, Reichtum in unserem Weinberg finden."

Die Söhne meinten, dass er dort einen großen Schatz versteckt habe und gruben nach dem Tode ihres Vaters den ganzen Weinberg um und um. Sie fanden natürlich nicht den gesuchten Schatz, doch der Weinberg war nun so gründlich umgegraben, dass er ihnen Früchte in Fülle brachte.

29. Kleinmütig

Zum Meister kam eine Frau, die mit ihren Lebensbedingungen sehr unzufrieden war. Sie klagte über die Kollegen, die Nachbarn, ja selbst ihre Freunde konnten nichts zu ihrer Zufriedenheit beitragen. Denn sie sah, dass es allen besser ging als ihr. Die Kollegen verdienten angeblich mehr als sie; die Nachbarn waren schon wieder in Urlaub; von den Freunden fühlte sie sich geschnitten; und überhaupt hatte sie seit einiger Zeit ständig Migräneanfälle, aber die Ärzte konnten keine Ursache feststellen.

Der Meister dachte einen Augenblick nach und erzählte ihr folgende Geschichte: „Vor vielen Jahren lebte ein Mann, der in seinem Berufe sehr erfolgreich war. Er hatte eine große Fabrik und beschäftigte viele Leute. Von seinem erworbenen Reichtum hatte er sich ein prächtiges Haus gekauft, mehrere teure Autos standen in der Garage, die allein so groß war wie eine normale Wohnung, zwei wunderschöne Rassepferde, ein Segelschiff und unendlich viele große und kleine Dinge machten ihm das Leben leicht und angenehm.

Doch eines Tages brach in dem Land, aus dem er seine wichtigsten Rohstoffe bezog, ein verheerender Bürgerkrieg aus, der vier Jahre dauerte und alles in Schutt und Asche legte. Seine Rohstoffquellen versiegten, seine Fabrik konnte nicht mehr arbeiten, innerhalb kurzer Zeit verlor er alles, was ihm einmal wichtig gewesen war.

Da verfluchte er sein Schicksal, das ihm alles genommen hatte. Er fiel in tiefe Verzweiflung, und sein Geist verwirrte sich. Bald war seine Not und Armut so groß, dass er selbst unter den Besitzlosen einer der Ärmsten war. Und wegen seines ewigen Geredes darüber, was für ein mächtiger und reicher Herr er in seinem früheren Leben doch gewesen sei, mochte niemand mit ihm freundlichen Umgang pflegen. Dadurch wurde seine Einsamkeit noch größer und seine Verbitterung noch tiefer. Er kümmerte sich um nichts mehr, schimpfte ständig murmelnd vor sich hin, seine Kleider waren nur noch Lumpen, und von seinen feinen Schuhen waren ihm nicht einmal Fetzen geblieben. Mit blutenden Füßen schlurfte er durch die Stadt, in der er einmal zu den Großen gezählt hatte.

Eines Nachts kam er zu einer der Brücken der Stadt, um unter ihrem Bogen Schutz vor dem Regen und der Dunkelheit zu suchen. Da bemerkte er einen seltsam kleinen Mann, der lachend den dunklen Gestalten um ihn herum eine Begebenheit erzählte, die auch sie zu erheitern schien. Das Lachen in dieser tristen Umgebung und die ungewöhnliche Gestalt des Erzählers veranlassten den Verbitterten, genauer hinzuschauen, und er sah, dass der kleine Mann auf einem Brett mit vier Rädern kauerte. Der dort mit seiner Fröhlichkeit auch andere zum Lachen brachte, hatte nicht nur keine Schuhe, ihm fehlten sogar die Füße und die Beine.

Da erwachte die Seele des Verarmten aus ihrer Erstarrung."

30. Hindernis

Ein alter Mann klagte dem Meister sein Leid. „Meister, sieh mich nur an! Meine Kleider sind alt. Ich habe kein Geld. Denn ich finde keine Arbeit. Überall legt man mir nur Steine in den Weg. Man jagt mich fort, wenn ich arbeiten will. Woran liegt es bloß, dass es mir nicht besser geht?"

„Du bist noch nicht bereit", sagte der Meister.

„Bereit? Bereit wozu? Was soll denn das bedeuten?"

„Das bedeutet", erklärte geduldig der Meister, „dass du nur mit dir und deinem Elend beschäftigt bist. Du bist gar nicht fähig, deine Chancen zu erkennen."

Vehement bestritt der Mann diese Behauptung. Daraufhin erzählte der Meister ihm folgende Geschichte:

„Einst schauten die Götter vom Himmel hinunter zur Erde und betrachteten, was die Menschen so trieben. Da bemerkte der Gott des Glücks einen armen Mann, der gebückt von der Last seines Elends einen einsamen Pfad entlangging. Seine Kleider waren Lumpen, nur von einem Strick zusammengehalten. Der Gott des Glücks spürte Mitleid mit dem Ärmsten und sagte zum Gott des Schicksals: ‚Ich werde dem armen Kerl helfen und ihm einen Sack Gold hinunterwerfen.'

‚Um Himmels willen, tu das nicht!', widersprach der Gott des Schicksals, ‚der Mann ist gar nicht bereit dafür.'

‚Ach was, das sagst du nur, weil du dich augenblicklich selbst nicht in der Lage siehst, ihm einen Sack Gold zukommen zu lassen', stichelte der Glücksgott, denn die Knauserigkeit des Schicksalsgottes war im Himmel ein beliebter Anlass zu göttlichem Gespött.

‚Ich lasse mich von dir nicht provozieren. Du

weißt sehr wohl, dass es mir ein Leichtes ist, ihn mit Schätzen zu überhäufen. Aber das ist vollkommen zwecklos. Ich sage dir nochmals, der Mann ist nicht bereit dafür.‘

‚Das wäre das erste Mal, dass sich ein Mensch nicht über einen Haufen Gold freuen würde. Du willst dich doch nur drücken. Oder beweise mir, dass du Recht hast mit deiner Behauptung, die ich nicht verstehe.‘

‚Na schön, weil du mich so bedrängst‘, seufzte der Gott des Schicksals, ‚aber du wirst sehen, es ist im wahrsten Sinne des Wortes rausgeschmissenes Geld.‘

Der Schicksalsgott hob seine rechte Hand, murmelte heilige Worte, und hundert Meter vor dem armen Wanderer fiel ein großer Goldsack auf den Pfad. – Die Götter sahen zu, wie der Mann sich dem goldgefüllten Sack näherte. Sie hörten ihn murmeln: ‚Ach, wie bin ich durstig. Wenn ich nur bald zu einem Brunnen käme. Aber hier ist nirgends ein Dorf. Es beginnt schon zu dämmern. Ob ich heute wieder im Freien schlafen muss? Ob ich noch ein Stück Brot auftreiben kann? Wie kommt denn der große Stein dahin? Liegt einfach mitten auf meinem Weg. Wenn ich jetzt nicht aufgepasst hätte, wäre ich gestolpert, hätte mir die Zehen gebrochen, die Sandalen zerrissen und wäre verletzt liegen geblieben. Hier hätte mich kein Mensch gefunden. Sicherlich wäre ich gestorben. Und alles wegen des blöden Steins, den jemand nicht weggeräumt hat, damit ich mir die Knochen breche.‘

Und vorsichtig hob er die Füße, stieg über den Sack mit Gold und ging immer noch schimpfend weiter.

‚Hast du es jetzt kapiert?‘, fragte der Schicksalsgott den beschämten Glücksgott. ‚Ich sagte doch: Er ist nicht bereit!‘“

31. Zeitlos

An ihrem Stammtisch im Gasthaus saßen einige ältere Herren. Sie kannten sich von Kindheitstagen an. Sie waren in die gleiche Schule gegangen. Hatten alle zur gleichen Zeit einen Beruf erlernt, einige Jahre später Familien gegründet und ihr Auskommen gesichert. Nun waren sie pensioniert und trafen sich einmal in der Woche, um ein paar Kegel umzuwerfen, einige Bierchen zu stemmen und über die alten Zeiten zu reden.

„Ich weiß nicht“, sagte einer von ihnen, „bin wohl doch älter geworden; früher war ich flink wie ein Wiesel und beim Fußball an Ausdauer und Geschick den meisten überlegen – aber wenn ich heute zum zweiten Stockwerk hinauf muss, geht mir schon nach zehn Treppen die Puste aus.“

„Wem sagst du das?“, entgegnete sein Nachbar, „beim Tanzen war mir früher keiner über. Nächtelang habe ich das Tanzbein geschwungen, und heute wird mir schon bei einer halben Umdrehung schwindelig."

„Warum soll es euch besser gehen als mir?", fragte ein anderer. „Früher hatte ich Augen wie ein Luchs. Dann musste ich beim Autofahren eine Brille tragen; und jetzt kann ich nicht einmal mehr die Zeitung ohne Brille lesen!"

„Es lässt sich nicht leugnen: Das Alter hat uns fest im Griff", bestätigte sein Gegenüber. „Vor wenigen Jahren noch habe ich einen Zentnersack mit einer Hand gehoben. Heute bin ich froh, dass fast alle Koffer Rollen haben."

„Also, ich weiß gar nicht, was mit euch plötzlich los ist: Ihr jammert in einer Tour über euer Alter und eure schwindenden Kräfte – mir hat das Alter in keiner Weise geschadet", entrüstete sich der Herr neben ihm, der als der Intellektuelle der Runde galt, weil er als einziger von ihnen eine Hochschule besucht hatte.

„Ach, du Angeber. Hast kaum noch Haare auf dem Kopf, aber das Alter hat dir nicht geschadet", stichelten die Freunde.

„Es stimmt schon, was ich sage. Ihr könnt mir's glauben: Ich bin heute noch so stark wie vor vierzig Jahren."

„Du erzählst Märchen. Das nimmt dir doch keiner ab! Das musst du uns erst beweisen!"

„Wirklich! Es verhält sich so, wie ich sage: Ich bin heute noch so stark wie vor vierzig Jahren. Ich habe es gestern noch ausprobiert und bestätigt gefunden. Ihr kennt doch den schweren eichernen Bücherschrank, der schon meinem Großvater gehört hat. Den wollte ich gestern wegschieben", sagte der Intellektuelle mit selbstzufriedener Miene.

„Und was soll damit bewiesen sein?", fragten die erstaunten Freunde.

„Nun, vor vierzig Jahren wollte ich den Bücherschrank etwas weiter in die Ecke schieben, und damals gelang es mir nicht. Gestern versuchte ich es nochmals, und es gelang mir wieder nicht. So steht doch eindeutig fest: Ich bin immer noch so gut bei Kräften wie vor vierzig Jahren! Prost!“

32. Pessimist und Optimist

Ein sehr reicher Mann hatte zwei Söhne, Zwillinge, die unterschiedlicher nicht hätten sein können. Zwar waren sie beide stattlich in ihrer Erscheinung und erfreulich anzusehen, ihr Gemüt jedoch war grundverschieden. Der wenige Minuten Ältere war ein absoluter Pessimist, der Jüngere ein unverbesserlicher Optimist.

Zu ihrem achtzehnten Geburtstag hatte der Vater sich vorgenommen, jedem seiner Söhne ein Geschenk zu machen, das ihnen die Augen öffnen sollte für die jeweils andere Seite des Lebens. Er setzte sich mit einem der namhaftesten Uhrmacher der Welt in Verbindung und bestellte für seinen ältesten Sohn eine Armbanduhr, die in Mechanik und Ausstattung einmalig sein sollte. Geld spielte keine Rolle, alles sollte vom Feinsten sein, mit Gold und Diamanten ausgestattet – Hauptsache, das Wunderwerk war bis zum Geburtstag seines Sohnes in seinen Händen.

Dann beauftragte er den Gärtner, dem jüngeren Sohn am Geburtstagsmorgen, wenn der noch schliefe, einen großen Korb gefüllt mit Mist und einer schönen Schleife drum herum ans Fußende des Bettes zu stellen.

Am Geburtstag seiner Söhne ging der Vater in das Zimmer des Ältesten, beglückwünschte ihn herzlich und überreichte ihm die einzigartige, kostbare Armbanduhr.

„Gefällt dir mein Geschenk?“, fragte der Vater.

„Na ja, ist schon ziemlich protzig. Sieht sehr teuer aus. Und solche Sachen werden immer als erste gestohlen. Verlieren könnte ich sie auch. Oder sie fällt runter und ist kaputt ...“

Enttäuscht von den Nörgeleien seines Sohnes, ging der Vater zum Zimmer des Jüngeren hinüber.

Er hatte die Türe noch nicht geöffnet, da hörte er schon das Jauchzen und Singen des glücklichen Geburtstagskindes. Als er ins Zimmer trat, fiel ihm sein Sohn lachend um den Hals.

„Wunderbar! Perfekt!“, rief er außer sich vor Freude.

„Dass du das erraten hast, Vater, und mir einen geheimen Wunsch erfüllst, ist einfach großartig. Du bist der Beste!“

„Wovon redest du? Wofür dankst du mir denn?“, fragte der Vater mit einem Seitenblick auf den Korb voller Mist.

„Na!“, rief der Sohn mit großer Geste, „für das Pferd!“

33. Erkenntnis

Ein Minister war durch die Intrigen seiner Neider nach vielen Jahren treuen Dienstes bei seinem König in Ungnade gefallen. Es brach ihm fast das Herz, all die Jahre seines aufopfernden Lebens so schändlich verraten zu sehen. Doch der Herrscher war blind in seinem Zorn und schickte den Minister in die Verbannung, nachdem er alle seine Güter eingezogen hatte. Arm und mit Schande bedeckt verließ der Minister seine Heimat.

Ziellos wanderte er umher, bis er eines Tages unendlich müde und halb verhungert Herberge in einem Kloster fand. Als er durch die Fürsorge der Brüder und Mönche allmählich wieder zu Kräften kam, bemerkte er die Ruhe der Umgebung und die heitere Gelassenheit der Bewohner im Umgang mit einander. In ihm reifte der Entschluss, der Welt mit ihrem unsteten Glück und lauten Treiben zu entsagen und bat um Aufnahme in den Orden.

Mit der Zeit lernte der Minister, den Sinn seines Lebens in ganz anderen Dimensionen zu finden, als er jemals zuvor geahnt hatte. Er, ehemaliger Würdenträger seines Landes, für den der Umgang mit den Großen und Mächtigen alltäglich und selbstverständlich gewesen war, lernte die Unwichtigkeit solcher Äußerlichkeiten zu erkennen und die Beständigkeit seines inneren Friedens dafür umso höher zu schätzen.

Am Hofe des Königs war inzwischen das Komplott gegen den ehemaligen Minister aufgedeckt und zerschlagen worden. Der König bereute seine jähzornige Entscheidung und seinen Vertrauensmangel gegen den ehemaligen Minister sehr, denn angesichts des aufgedeckten Ränkespiels an seinem Hofe wusste er nun leider zu spät, die Loyalität seines früheren Ministers zu schätzen. Er schickte Boten aus und ließ überall nach ihm suchen. Als er nach einiger Zeit in einem Kloster ausfindig gemacht wurde, ließ er ausrichten, dass er ihn in seine früheren Würden als Minister wieder einsetzen und ihn für alle erlittene Schmach und Unbill reich entschädigen wolle.

Der Minister schickte dem Herrscher ein einfaches Blatt Papier, auf dem ein kleiner Vers zu lesen stand: „Frei bin ich von der Last der Welt. Mich lockt nicht länger Ruhm noch Geld. – Wer wie ich mit sich selbst im Reinen ist und seinen Frieden gefunden hat, verliert nichts, wenn er auf Neid und Intrigen, auf Hasten und Lasten der lauten Welt verzichtet."

Der König hatte wohl nicht mit einer Ablehnung gerechnet, dennoch konnte er sich seine Achtung vor der Entscheidung dieses Mannes nicht versagen; ja, er stieg sogar noch in seiner Bewunderung und erkannte, wie wichtig es wäre, einen solch integeren Menschen in seiner Nähe zu wissen. So entschloss sich der König, seinen ehemaligen Minister selbst aufzusuchen, um ihn persönlich um Vergebung zu bitten und zur Rückkehr zu bewegen.

Der König sprach lange mit dem Minister, auch darüber, wie sehr ihn der Inhalt seines Schreibens bewegt hätte, und meinte, dass er genau dieser Weisheit in seiner Nähe und bei seinen Amtsgeschäften bedürfe, um die richtigen Entscheidungen zu treffen und in rechter Weise zu herrschen.

„Majestät“, erwiderte da der ehemalige Minister, „es ist aber gerade das Wesen solcher Weisheit, das sich dazu nicht hergeben will!“

34. Glückssträhne

Beim Roulette setzt der Herr einen kleinen Einsatz auf „Rot“ und gewinnt. Er freut sich. Seinen Gewinn setzt er wieder auf „Rot“ und gewinnt. Er reibt sich die Hände. Mutiger geworden setzt er seinen gesamten Gewinn auf eine Zahl.

Gespannt verfolgt er den Lauf der Kugel. Er gewinnt den fünfunddreißigfachen Einsatz. Er setzt einen hohen Betrag auf eine andere Lieblingszahl. Und er gewinnt wieder. Unglaublich. Denn so geht es den ganzen Abend weiter.

Auch am nächsten Tag gewinnt er nur. Am dritten Tag fordert er das Glück heraus, doch welche Experimente er auch macht, er gewinnt.

Am vierten Tag ist seine Glückssträhne noch nicht abgerissen.

Am fünften Tag will er endlich einmal verlieren, doch er gewinnt.

Am sechsten Tag gesteht er sich ein, dass er erreicht hat, was er immer schon wollte: Er kann nie mehr verlieren. Er ist ein Gewinner.

Am Abend des siebten Tages sagt er zum Croupier: „Diese ewige Gewinnerei langweilt mich. Ich werde dieses Spielerparadies jetzt verlassen. Womöglich hat die Hölle mir mehr zu bieten."

Der Mann am Roulettetisch zieht die Augenbrauen hoch und sagt: „Was glauben Sie, wo Sie hier sind?"

35. *Service*

Der Hotelgast war verärgert. Man hatte ihn eine halbe Stunde später geweckt, als er gewünscht hatte. Missmutig eilte er in den Frühstücksraum. Seine Laune verschlechterte sich, als ihm Rührei mit Schinken und Tee serviert wurde statt des bestellten gekochten Eies, Toasts und Kaffees. Und man brachte ihm die AB-Nachrichten statt der verlangten XY-Zeitung.

Die junge Dame an der Rezeption, bei der er sich über den schlechten Service beschwerte, lächelte ihn charmant an. „Nun, Sie haben lange und gut geschlafen, nicht wahr? Man brachte Ihnen ein gutes Frühstück. Und während Sie aßen, gab man Ihnen etwas zu lesen. Ich möchte sagen: Sie haben ein richtig gutes Leben, mein Herr!“

36. Standpunkte

In einem Teehaus waren zur Mittagszeit Mönche aus zwei verschiedenen Klöstern eingekehrt. Einer wollte sich wichtig tun und erklärte:

„Mein Meister hat uns die Botschaft gelehrt, dass die Menschheit so lange nicht wirklich gut sei, bis nicht auch derjenige, dem kein Unrecht geschah, über ein Unrecht genauso empört ist, wie derjenige, dem das Unrecht angetan wurde."

Eine Zeitlang waren alle von diesem Gedanken beeindruckt. Dann sagte ein Mönch aus dem anderen Kloster:

„Mein Meister hat mir beigebracht, dass überhaupt niemand über irgendetwas empört sein sollte, bis er nicht sicher ist, dass das vermeintliche Übel auch wirklich ein Übel ist — und kein versteckter Segen."

37. Notgedrungen

In einer kargen Landschaft, in der kaum ein Baum wuchs und zwischen lauter Fels und Stein nur dürre Halme zu finden waren, fristete eine kleine Familie ihr dürftiges Dasein. Eine Hütte aus Felsstein und zwei magere Ziegen waren ihr ganzer Besitz.

Da geschah es, dass in der Nacht zu Ostern ein Wolf geschlichen kam und die beiden Ziegen riss.

Nun war ihnen nichts geblieben, wovon sie sich hätten ernähren können. Die blanke Not trieb sie, ihre wenigen Habseligkeiten zu einem Bündel zu schnüren und in die Fremde zu ziehen.

Nach manchem Leid, vielen Demütigungen und Enttäuschungen fanden sie weit weg von ihrer Heimat eine Arbeit und eine Unterkunft. Zwei Jahre später konnte der Mann ein Stück

Wiese pachten und dort ein Schaf weiden lassen. Er arbeitete fleißig und brachte es schließlich zu einem Häuschen, einer Kuh, einem Ochsen und acht Schafen.

Wieder nahte das Osterfest, und der Mann zündete zwei Kerzen kann.

„Warum zwei Kerzen?“, fragte ihn seine Frau. „Eine, weil morgen Ostern ist, das verstehe ich. Aber wozu die zweite?“

„Die ist als Dank für den Wolf, der uns aus unserer Heimat vertrieben hat.“

38. Abkürzung

An einem herrlichen Sommertag ging ein Mann mit festem Schritt die Landstraße entlang. Er freute sich, bald nach Hause zu kommen. „Ich könnte doch eigentlich eine Abkürzung durch den Wald nehmen, da ist es auch viel kühler", überlegte er.

Munter schlug er sich in die Büsche und war guter Dinge, doch im nächsten Augenblick fand er sich auf dem Boden einer versteckten Grube liegend. Nachdem er sich von dem ersten Schrecken erholt hatte und sicher war, dass seine Knochen heil geblieben waren, fand er rasch seinen Optimismus zurück.

„Wie gut, dass ich die Abkürzung genommen habe. Wenn mir schon in diesem friedlichen Wald so ein Missgeschick widerfährt, wer weiß, welch großes Unglück mir auf der gefährlichen Landstraße zugestoßen wäre?"

39. Vorankommen

Immer wieder ermahnte der Meister seine Schüler, dass es nicht nur notwendig sei, etwas zu tun, sondern man müsse auch hoffen können.

Einem Schüler wollte diese Weisung nicht einleuchten, und er bat um eine Erklärung.

Der Meister ging mit dem Schüler zum See, und sie bestiegen ein Boot. Mit einem Ruder stieß der Meister das Boot vom Ufer ab, und als sie ein Stück weit hinausgetrieben waren, legte der Meister nur dieses eine Ruder ein und begann damit zu rudern. Doch das Boot fuhr nicht geradeaus, sondern immer im Kreis herum.

„Aber was soll denn das?", rief der Schüler. „Um voranzukommen, musst du doch beide Ruder einsetzen!"

„Ganz richtig", nickte der Meister. „Das eine

Ruder heißt ‚arbeiten', das andere Ruder heißt ‚hoffen'. Nur wer Tun und Sehnsucht miteinander verbindet, kommt wirklich weiter."

40. Sehnsucht

Vor langer Zeit lebte ein kleiner Junge zufrieden in einem Haus auf einem grünen Hügel. Ganz wunschlos glücklich war er allerdings nicht, denn es gab etwas, das wünschte er sich mehr als alles andere.

Jeden Abend saß er auf den Stufen vor der Haustüre. Die Ellenbogen auf die Knie und den Kopf in die Hände gestützt, schaute er unverwandt auf das Haus mit den goldenen Fenstern, die von der anderen Seite des weiten Tales herblinkten. Dieses Haus nahm seine Phantasie gefangen, und er malte sich aus, was dort für ein unvorstellbar prächtiger Palast sein müsse, dessen Fenster wie Gold funkelten. Er träumte von den edlen Menschen, die in einem solch kostbaren Haus lebten, und er wünschte sich nichts sehnlicher, als bei ihnen sein zu können.

Eines Tages hielt er seiner Sehnsucht nicht länger stand. Statt wie jeden Morgen in die Schule zu gehen, beschloss er, sich auf den Weg zu dem Haus mit den goldenen Fenstern zu machen.

Stundenlang lief er, um sein geheimnisvolles Ziel zu erreichen: erst den Hügel hinab, durch einen Hohlweg und dann über die Wiesen. Gegen Mittag ließ er sich unter einem Baum nieder, aß sein Schulbrot und wäre vor Müdigkeit fast eingeschlafen. Doch die Vögel im Geäst hielten ihn munter. Aber seine Rast musste wohl doch länger als vermutet gedauert haben, denn es dämmerte schon, als er endlich den ersehnten Hügel hinaufstieg und am Ziel seiner Reise ankam. Aber wie enttäuscht muss er gewesen sein, als er statt des erträumten Palastes mit den goldenen Fenstern nur ein einfaches Bauernhaus vorfand, dessen Fenster statt aus goldenen Scheiben aus nichts anderem als ganz gewöhnlichem Glas waren.

Ein alter Mann und eine alte Frau wohnten in dem Haus, und sie nahmen den erschöpften Jungen liebevoll auf. Traurig schüttelten sie die Köpfe, als der kleine Wanderer ihnen von seinen Träumen und seiner großen Enttäuschung erzählte. Nach einer heißen Suppe und einem dicken Butterbrot steckten sie den Knaben in ein herrlich duftendes Bett, denn es war viel zu spät, ihn nach Hause zurückzubringen.

Früh am Morgen erwachte der kleine Junge. Erst wusste er gar nicht, wo er sich befand, doch sogleich erinnerte er sich an die Ereignisse des vergangenen Tages. Er stand auf, ging zum Fenster und als er den Vorhang beiseite zog, machte er eine wunderbare Entdeckung. Weit entfernt, auf dem Hügel auf der anderen Seite des Tales stand ebenfalls ein Haus, dessen Fenster strahlten und funkelten wie pures Gold, so schön, wie er es kaum jemals gesehen hatte.

Wirklich ergriffen aber machte ihn die Erkenntnis, dass er auf die Fenster seines eigenen Hauses schaute, und er war vollkommen glücklich, als er später am Tag zurückkehrte in sein Zuhause mit den goldenen Fenstern.

41. Reichtum

Ein Mann klagte sehr, dass es ihm gar nicht gut gehe. Es täte ihm alles weh, und Geld habe er auch keines. So fuhr er fort zu lamentieren und zu jammern.

Einer, der in seiner Nähe saß, wollte die Litanei des Selbstmitleids nicht länger anhören und fragte den Klagenden: „Möchtest du lieber blind sein, dafür aber zehntausend Mark besitzen?"

„Auf keinen Fall", sagte der Jammerer.

„Vielleicht möchtest du statt dessen lieber stumm sein und dafür zehntausend Mark haben?"

„Absolut nicht!"

„Möchtest du Arme und Beine verlieren, dafür aber zwanzigtausend Mark dein eigen nennen?"

„Nie und nimmer!"

„Aber dir ist es vielleicht lieber, wahnsinnig zu werden und zehntausend Mark auf dem Konto zu haben?“

„Davor bewahre mich das Schicksal!“

„Schämst du dich denn nicht angesichts der Tatsache, dass du Güter im Wert von wenigstens fünfzigtausend Mark dein Eigen nennst, und dennoch hier herumsitzt und jammerst, wie schlecht es dir geht?“

42. Wunderbar

„Ich weiß nicht, wie ich das noch länger aushalten soll", klagte während der Mittagspause die Sekretärin ihrer liebsten Kollegin. „Ständig hat mein Chef etwas zu meckern. Der Typ macht mich noch rasend!"

„Ja, du bist gereizt und nervös. Du steigerst dich immer mehr in deinen Ärger hinein. Und je mehr du dich ärgerst, desto mehr Konzentration geht dir verloren, und umso mehr Fehler werden dir unterlaufen. Du musst gelassener werden", sagte die Kollegin. Sie versuchte, locker Schritt zu halten an der Seite der vorwärts eilenden Sekretärin.

„Gelassen bleiben – wenn ich das schon höre! Da steht mir die Frustration bis zur Oberlippe, und du erwartest, dass ich gelassen bleibe. Wie soll das gehen?", klagte die Sekretärin.

„Indem du dich vor allem darum bemühst, das Wunderbare im Alltäglichen zu sehen, das Besondere im Gewöhnlichen. Du musst nur genau hinsehen, dich am Entdeckten freuen und dich selber und andere nicht gar so ernst nehmen."

„So ein Quatsch!", rief die Sekretärin und blieb entrüstet stehen. „Wenn ich so ein Esoterik-Geschwafel schon höre.

Wo willst du denn hier inmitten all der Industrie, des Lärms, der Abgase, des ständigen Herumhetzens, des Schimpfens, Fluchens und Jammerns ausgerechnet etwas Wunderbares entdecken?"

„Sieh dir zum Beispiel diesen Löwenzahn an, der hat sogar den Asphalt gesprengt und blüht – wenn du ihn siehst – nur für dich. Da oben segeln Schwalben, und bekommst du nicht gleich Sehnsucht, wenn du die dicke weiße Wolke anschaust?"

„Meinetwegen", murmelte die Sekretärin,

„aber das guckst du dir zur Erheiterung auch nicht jeden Tag an."

„Jeden Tag nicht, aber an jedem Tag geschieht etwas Wunderbares. So wie jetzt", sagte die Kollegin und zeigte auf den Schmetterling, der sich auf die bunte Bluse der Sekretärin gesetzt hatte. „Er ist zwar nur ein Kohlweißling, aber er hält dich für eine wunderbar duftende bunte Blume."

„Ja, wenigstens einer, der mich noch riechen kann", sagte lachend die Sekretärin, und auf einmal füllten sich ihre Augen mit Tränen.

Nachdenklich schrieb sie abends in ihr Notizbuch: Ein Schmetterling hält mich für eine duftende Blume.

Sie merkte, wie ihr der Gedanke gut tat. Und an jedem Abend schrieb sie nun eine kleine Beobachtung auf. Sie bemerkte das breite Grinsen des Pförtners, wenn sie morgens an ihm vorbeieilte, den freundlichen Respekt, den man ihr entgegenbrachte, wunderte sich über die höfliche Geste ihres Chefs („War der schon immer so?“, dachte sie plötzlich), registrierte die Anmut der jungen Mitarbeiterin, dankte dem Autofahrer, der anhielt und sie über die Straße winkte, wünschte der müden, aber freundlichen Kassiererin einen schönen Abend, sah lächelnd den kreischenden Kindern nach. Am nächsten Tag genoss sie die Tasse Cappuccino wie einen Minutenurlaub in Italien und beschloss, ab sofort immer einen frischen Blumenstrauß auf ihrem Schreibtisch zu haben.

Ihr Leben war das gleiche geblieben, doch es hatte sich sehr verändert. So wie sie in die Welt sah, so sah die Welt ihr entgegen: sehr viel heiterer, sehr viel gelassener.

43. Unverständlich

Auf einer entlegenen Insel erforschte ein Anthropologe die Strukturen der Inselgesellschaft und die Verhaltensweisen der Bewohner. Eines Tages wurde er aber selbst zum Mittelpunkt der Neugier, denn einige Insulaner wollten von ihm wissen, wie es draußen in der weiten Welt zuginge.

„Wir erfahren hier ja manches durch das Radio, und wenn etwas ganz wichtig ist, wird es uns per Funk mitgeteilt. Einige von uns, die von hier weggegangen sind, haben sogar auf dem Kontinent studiert, und manchmal kommt jemand von denen für ein paar Wochen hierher zurück. Was es draußen in der Welt aber Besonderes gibt, hat uns schon lange niemand mehr erzählt."

„Ich weiß gar nicht, womit ich beginnen soll", sagte der Anthropologe. „Aber da ihr das

Radio erwähnt habt, will ich euch sagen, dass es so etwas ähnliches gibt, das nicht nur Sprache und Musik, sondern auch Bilder sendet. Dadurch kann man bereits nach kurzer Zeit sehen und hören, was irgendwo auf der Welt passiert ist. Sprechen kann man heute mit den meisten Menschen, die weit von einander entfernt sind, innerhalb kürzester Zeit per Telefon. Jetzt gibt es kleine Telefone, die man in der Hosentasche mit sich führt, und jeder kann sofort mit jedem sprechen, der auch so ein Telefon hat, egal in welcher Stadt oder in welchem Land der andere lebt. Man kann aber auch Nachrichten und Briefe abschicken, die nur ein paar Sekunden später beim Empfänger irgendwo auf der Welt ankommen. Man kann also innerhalb von ein paar Sekunden alle Nachrichten und Informationen rund um die ganze Erde schicken. Man braucht also keinen Boten, der sich auf eine lange Reise begeben muss, und man muss auch nicht warten, bis ein Brief, auf dem Postweg mit Eisenbahn und Schiff unterwegs, erst nach vielen Wochen beim Empfänger eintrifft. Aber auch die Eisenbahnen fahren immer schneller, und immer mehr Flugzeuge fliegen immer schneller von einem Ort zum andern. Alles geht immer schneller in der Welt da draußen, es ist kaum zu glauben."

Staunend hatten die Insulaner zugehört. „Wenn das alles stimmt, was du uns erzählt hast", sagte der Älteste von ihnen, „dann verstehe ich trotzdem eines nicht: Wenn alles immer schneller erledigt ist, warum habt ihr dann trotzdem keine Zeit?"

44. Zukunft

Nach dem sonntäglichen Mittagessen half die älteste Tochter der Mutter in der Küche.

„Ich weiß immer noch nicht, was ich nach dem Abitur machen soll“, sagte die Tochter. „Soll ich studieren? Aber was? Eine Ausbildung bei einer Firma machen? Irgendetwas Soziales? Oder doch Musik?“

„Tu, was dir gefällt“, entgegnete die Mutter.

„Das scheint mir ziemlich egoistisch zu sein.“

„Wer sagt denn, dass du Anwältin, Ärztin oder Chefin von irgendwas werden musst, um erfolgreich und glücklich zu sein? Klassik oder Jazz – wichtig ist doch gute Musik.“

Die Tochter dachte darüber nach. Während sie eine Schale abtrocknete, hatte sie selbstvergessen zu summen begonnen.

„Genau so“, sagte die Mutter.

45. Goldfinger

Ein armer Mann hauste mit seiner Familie in einer kleinen Waldhütte. Sein kärgliches Brot verdiente er sich als Holzsammler. Er band das Holz zu Bündeln und verkaufte es in den nahegelegenen Dörfern.

Eines Tages war er tief in den Wald eingedrungen, als er die Schreie eines Tieres in höchster Not vernahm. Er eilte hinzu und fand ein Reh, das mit einem Bein in eine schmale Felsspalte geraten war, aus der es sich nicht befreien konnte.

Der arme Mann dachte sich, dass ihm das Reh vom Himmel geschickt sei, denn wenn er es nun erlegen würde, hätte der Hunger in seiner Familie für lange Zeit ein Ende. Aber er brachte es nicht über sich, das hilflose Reh zu töten.

Stattdessen befreite er behutsam den Lauf

des Rehes aus der Felsspalte, und rasch verschwand das Reh im Wald.

Recht nachdenklich sah der Holzsammler dem Reh nach, als er neben sich eine feine Stimme hörte, die ihn ansprach.

„Ich bin der Geist des Rehes, das du befreit hast. Ich habe deinen Konflikt wohl verstanden, und ich weiß von deiner Armut. Darum will ich mich dir dankbar erweisen."

Der Geist deutete mit dem Finger auf einen großen Stein, der sich sofort in Gold verwandelte. Den schenkte er dem Holzsammler. Der schüttelte nur den Kopf.

„Gut, du sollst noch einen Goldklumpen haben", sagte der Geist. Er deutete mit einem Finger auf einen anderen, noch größeren Stein, der sich auch sofort in Gold verwandelte. Doch wieder schüttelte der arme Mann den Kopf.

„Bist du denn noch immer nicht zufrieden?", fragte der Geist. „So viel Gold hat nicht einmal der König in seiner Schatzkammer. Was willst du denn noch mehr?“

„Deinen Finger möchte ich haben“, sagte der arme Mann.

46. Aufrichtig

Ein Mann hatte die Gewohnheit, immerzu „Heil und Wohlergehen“ zu murmeln und auch anderen als Gruß darzubieten. Als man ihn fragte, wie er dazu komme, sich und allen anderen beständig „Heil und Wohlergehen“ zu wünschen, erzählte er seine Geschichte.

„Früher arbeitete ich als Lastträger. Eines Tages setzte ich mich völlig erschöpft in den Schatten eines Baumes und seufzte aus tiefstem Herzen: ‚Ach Gott, wenn du mir doch täglich nur zwei Brote geben würdest, ohne dass ich mich dafür dermaßen plagen müsste, dann wäre ich bis an mein Lebensende glücklich und zufrieden.‘

Vielleicht war ich kurz eingeschlafen, denn ich schreckte von plötzlichem Lärm in meiner Nähe auf. Zwei Männer rauften sich fürchterlich, und als ich dazwischenging, um die Streithähne zu trennen, bekam ich einen heftigen Schlag auf die Nase und ging blutend zu Boden.

Der Lärm hatte den Aufseher alarmiert, und er verhaftete die beiden Streithähne. Da er mich blutüberströmt dort liegen sah, war er der Meinung, dass auch ich an der Prügelei beteiligt gewesen wäre, und steckte mich wie sie ins Gefängnis.

Dort hielt man mich einige Zeit fest, und ich bekam täglich zwei Brote, für die ich nicht arbeiten musste.

Als mir der Arrest schon bitter geworden war und die Ironie des Schicksals mir mein Begehren auf drastische Weise erfüllt hatte, hörte ich eines Nachts im Traum eine Stimme, die mir sagte: ‚Das hast du nun davon. Du hast um zwei Brote gebeten, aber nicht um Heil und Wohlergehen!'

Als ich aus dem Schlaf erwachte, rief ich sofort: ‚Heil und Wohlergehen!‘, und der Wärter kam und sagte: ‚Lastträger, du bist frei und kannst gehen.‘ Wegen dieser Lektion wünsche ich allen Menschen und mir nur noch ‚Heil und Wohlergehen‘.“

47. *Erhört*

Die Sonne stand hoch am Himmel und brannte unbarmherzig auf den Mönch hernieder, der sich erschöpft und durstig den Berg hinaufschleppte. Seine müden Füße schlurften über die schmale Straße, und so geschah es, dass er stolperte und auf die Knie fiel. Ermattet blieb er hocken, faltete die Hände und flehte:

„Ach, lieber Gott, habe doch Mitleid mit mir und schicke mir ein Pferd. Aber wenn du meinst, ich sei ein zu großer Sünder, der kein großes Pferd verdient hat, dann schicke mir doch ein kleines Pferd. Ein Pferdchen tut's auch!"

Mühsam stand er auf und schlurfte weiter bergan. Da hörte er mit einem Mal das Hufgetrappel eines Pferdes näherkommen. Auf einer feurigen Stute stürmte ein Reiter heran, der stark bewaffnet war und seinem Pferd ungeduldig die Sporen gab. Denn er kam wohl nicht so schnell voran, wie er es wünschte, da er an einer Leine, die er am Sattelknopf befestigt hatte, das junge Fohlen der Stute mit sich führte. Von der Leine gezogen und gezerrt, stakste und stolperte das Pferdchen hinter dem wilden Reiter her. Schaumiger Schweiß schimmerte auf seinem Fell, und es gab keinen Zweifel, dass das Fohlen mit seiner Kraft am Ende war.

„He, du nichtsnutziger Kerl", brüllte der Reiter den armen Mönch an, „vollbringe mal eine gute Tat, und nimm dir mein hoffnungsvolles Fohlen auf die Schultern. Dann trage es den Berg hinauf, sonst ist es noch ganz verdorben, bevor wir oben ankommen."

Der Mönch sah wohl ein, dass der Reiter keinerlei Respekt vor seiner Kutte hatte und ihm in dieser einsamen Gegend auch niemand zur Hilfe kommen würde, falls es ihm einfallen sollte, sich dem harschen Befehl zu widersetzen. Seufzend beugte er sich unter den Bauch des Fohlens, umschlang Vorder- und Hinterbeine mit den Armen, stemmte sich ächzend hoch und wankte Schrittchen für Schrittchen hinter dem Reiter her.

„Ach, mein Gott“, stöhnte der Mönch. „Ich habe nie gedacht, dass du meine Bitte nach einem kleinen Pferd so rasch erfüllen würdest. Aber in meiner Schwäche scheine ich sehr undeutlich gesprochen zu haben, oder du hast mich missverstanden. Oder willst du mir etwas Bestimmtes damit sagen? Was wäre geschehen, wenn ich dich nicht um etwas gebeten hätte, sondern dir stattdessen gedankt hätte, dass ich auf meinem Weg schon so weit und heil voran gekommen war?“

48. Schuldfrage

Ein Mädchen war zum Brunnen gegangen, um Wasser zu holen. Nachdem sie ihr Gefäß gefüllt hatte, wollte sie vor dem Heimweg noch ein wenig ausruhen. Sie setzte sich auf den Brunnenrand und war, gegen das Ziehgestänge gelehnt, bald eingeschlafen.

Das Schicksal sah sie dort hocken und näherte sich in Gestalt einer alten Frau dem schlafenden Kind. Vorsichtig weckte sie das Mädchen.

„Warum läßt du mich nicht schlafen?", beschwerte sich das Kind.

„Damit du nicht in den Brunnen fällst. Denn dann würden die Menschen wieder mir die Schuld an deinem Unglück geben, statt deine Dummheit anzuklagen."

49. Natürlich

Ein Mann hatte die Neigung entwickelt, an allem und jedem herumzukritteln. Ständig hatte er etwas zu nörgeln, es gefiel ihm dies nicht, es gefiel ihm das nicht. Und meistens hatte er auch gleich einige Verbesserungsvorschläge parat.

Eines Tages bemerkte er, dass ein großer Kürbis aus einem dünnen Stiel wuchs. „Wie dumm das ist“, rief er aus, „einen so mächtigen Kürbis an einem so winzigen Trieb wachsen zu lassen. Wenn ich die Welt gemacht hätte, dann würden mächtige Kürbisse auf mächtigen Eichen wachsen, statt dieser kleinen Eicheln, die man ja kaum erkennen kann.“

Erschöpft von der Anstrengung, diesen großen Gedanken zu denken, ließ er sich im Schatten der alten Eiche nieder, die ihn zu seiner Überlegung angeregt hatte. Er hatte eben die Augen zu einem Nickerchen geschlossen, als ihm etwas auf den Kopf fiel. Eine Eichel war vom Baum gefallen.

Während er sich die schmerzende Stelle rieb, dachte er: „Gottseidank wachsen auf Eichen keine Kürbisse.“

50. Am Ziel

Der Meister sagte: „Wenn man schon keine großen Ziele im Leben hat, so sollte man doch irgend ein kleines Ziel anstreben, und sei es auch noch so dumm." Und er erzählte die Geschichte von dem absolut faulen Manne, der nichts anderes tat, als sich von den Menschen seiner Umgebung aushalten zu lassen.

Das ging so lange mehr schlecht als recht, wie seine Frau ihr ererbtes Geld für ihn ausgab. Als jedoch kein Geld mehr im Hause war und sie auch ihren letzten Schmuck verkauft, ja sogar einen Teil der Möbel verpfändet hatte, nahm der Streit kein Ende mehr. Und plötzlich war es auch mit der Bequemlichkeit des Faulpelzes vorbei.

Aus lauter Frustration sagte er darum eines Tages zu seiner Frau: „Wenn du schon unbedingt verlangst, dass ich meinem Leben ein Ziel geben soll, so will ich von heute an erst dann etwas essen, wenn ich unserem Nachbarn, dem Töpfer, persönlich ‚Guten Morgen' gewünscht habe." „Nun gut", sagte seine Frau, „das ist immerhin besser als gar nichts."

Der Faulpelz besuchte von nun an erst jeden Morgen seinen Nachbarn und bekam anschließend etwas zu essen. So verging einige Zeit. Doch eines Tages hatte der Töpfer bereits sein Haus verlassen, um aus einer entfernten Grube neuen Ton zu besorgen, als der verschlafene Faulpelz ihn begrüßen wollte. Da kein Nachbar weit und breit zu sehen war, setzte sich der Faulpelz auf ein Mäuerchen und wartete. Die Zeit verging, aber kein Töpfer ließ sich blicken. Schließlich wurde das Knurren seines Magens so groß, dass er beschloss, dem Töpfer bis zur Grube nachzugehen. Er wollte ihn dort begrüßen, damit er endlich sein Frühstück bekäme.

Als der Faulpelz zur Grube kam, geschah das gerade zu der Stunde, als der Töpfer mit seiner Schaufel auf einen großen Krug gestoßen war. Prächtige Goldstücke funkelten darin. Der Faulpelz war aber wegen seiner Eile und wegen seines Hungers gar nicht näher gekommen, sondern er hatte den Töpfer nur begrüßt und war dann zurück nach Hause gelaufen.

Der Töpfer meinte nun nichts anderes, als dass der Faulpelz ihn bei der Obrigkeit wegen seines Goldfundes anzeigen wolle, die dann das Gold sicherlich beschlagnahmen würde. Da lief er eilends hinter dem Faulpelz her und hatte große Mühe, ihn zur Umkehr zu bewegen.

Zur Tongrube zurückgekehrt, zeigte ihm der Töpfer den mit Gold gefüllten Krug: „Da du immer so freundlich zu mir gewesen bist, wollen wir uns den Schatz teilen“, bot er dem faulen Nachbarn an.

Als der Faulpelz seiner Frau den neuen

Reichtum zeigte, sagte sie zu ihm: „Siehst du nun ein, dass es sich lohnt, im Leben ein Ziel zu haben, und sei es auch noch so klein? Und Freundlichkeit hat ohnehin noch nie geschadet.“

51. Versenkung

Vor einem Lotusteich saß der Meister in tiefer Meditation versunken. Die Beine verschränkt, die Hände offen in den Schoß gelegt und die Augen geschlossen, saß er kerzengerade da, und man konnte nicht einmal die Bewegung eines Atemzugs wahrnehmen. Sein Geist wanderte auf dem inneren Pfad, der herausführt aus der diesseitigen Welt.

Ein Unwissender kam vorbei und sah den Meister unbeweglich verharren. Er gewann den Eindruck, dass der Meister am hellichten Tag nichts Besseres zu tun hatte, als inmitten der schönen Umgebung ein Schläfchen zu halten. Empört zupfte er den Nichtsnutz am Ärmel.

„Die schönsten Stunden verschlafen und dem lieben Gott den Tag stehlen! Was bist du nur für ein Faulpelz! Schlafen kannst du, wenn du nach getaner Arbeit müde bist. Los, mache endlich die Augen auf und erfreue dich an der Herrlichkeit der Schöpfung, so lange du dazu noch eine Möglichkeit hast“, empörte er sich in selbstgefälligem Eifer.

Langsam kehrte die Seele des Meisters von ihrer inneren Reise zurück.

„Ach, du Unwissender“, sagte der Meister. „Alles, was du mit deinen Augen siehst, sind nur die äußeren Zeichen, Spiegelbilder der wahren Herrlichkeit, die im Strom der Zeit zerrinnen. Du suchst die Wirklichkeit in einem Spiegel, doch die Früchte, die du darin erblickst, können deinen Hunger nicht stillen. Die Nahrung, die deine Seele braucht, findest du nur in den Gärten deines Herzens.

Die Schimären dieser Welt lenken dich mit immer neuen Reizen ab, weil du die Stimme deines Herzens nicht hören willst, denn der schöne Schein ist dir lieber als der mühsame Weg der Entsagung des Weltlichen. So weißt du nichts von der wirklichen Welt in deinem Innern und läufst weiterhin deinem eigenen Schatten nach, auf der Suche nach dem, was du Glück nennst.

Doch wenn du aus deinem Traum von dieser Welt erwachst, wird es zu spät sein, deine Seele zu trösten. Denn glaube mir, Seligkeit findet allein der, der vor dem Sterben schon stirbt, für den der Tod nicht das Ende des Lebens ist, sondern für den der Beginn des Lebens bereits der Anfang des Todes ist. Wahrhaft glücklich ist der, der schon in diesem Leben an den Rosenhecken des Paradieses entlang geht und den Duft der Verheißung atmet."

52. Sorglos

Als hätte das Schicksal sich gegen ihn verschworen, so verlor ein reicher Bankkaufmann in kurzer Zeit seine Frau durch einen Autounfall, sein Haus durch einen Erdrutsch, sein Vermögen durch einen ungetreuen Geschäftspartner und seine Freiheit, weil er den Polizeipräsidenten massiv beleidigt hatte wegen der polizeilichen Unfähigkeit, den flüchtigen Teilhaber zu finden.

In seiner Zelle jedoch schien er wie verwandelt zu sein. Seine Wut war verschwunden. Er wirkte ausgeglichen und war anscheinend ganz zufrieden.

„Was ist bloß los mit dir?", fragte der Wärter ihn eines Tages. „Ich habe den Eindruck, dass du dich hier wohlfühlst. Was ist der Grund dafür, dass du, wie es scheint, ganz glücklich bist?"

„Warum sollte ich nicht glücklich sein?“, lachte der ehemalige Bankier, „ich habe doch nichts mehr zu verlieren!“

53. Ohne Angst

Ein weltberühmter Zirkus war in die Stadt gekommen. Zur Premiere war das große Zelt bis auf den letzten Platz besetzt. Die Artisten zeigten phantastische Kunststücke, und die Darbietungen ihrer unglaublichen Körperbeherrschung nahmen den Zuschauern schier den Atem, bis die Clowns ihnen mit ihren Späßen wieder ein befreiendes Lachen ermöglichten. Nach der Pause wurde der Höhepunkt des Abends angekündigt. Die Arena war mit einem meterhohen Gitter eingezäunt, und mit leichtem Nervenkitzel erwarteten die Zuschauer die Vorführungen mit den acht bengalischen Königstigern. Eine Großkatze nach der anderen kam durch das Laufgitter in die Arena gelaufen, und nach einigem Hin und Her hatte der berühmte Dompteur seine Lieblinge auf die ihnen zugewiesenen Plätze beordert.

Die Darbietung nahm ihren gewohnten Verlauf: Die Tiger sprangen durch Reifen und liefen elegant über einen hohen, schmalen Steg. Sie sprangen einander sogar über den Rücken, statt sich gegenseitig anzufallen.

Langsam näherte sich der Dressurakt der eigentlichen Sensation: Die Tiger waren auf ihren Plätzen. Nur der größte Tiger saß auf einem Podest mitten in der Arena. Es wurde angekündigt, dass der Dompteur in wenigen Sekunden seinen Kopf in den Rachen des Tigers stecken werde. Die Orchestertrommeln wirbelten leise. Die Zuschauer hielten den Atem an. Der Dompteur hatte sich dem Tiger bis auf wenige Zentimeter genähert. Da ging das Licht aus.

Ein angstvoll verhaltener Schrei des Entsetzens entrang sich den Zuschauern und verhallte in der Dunkelheit. Atemlos war die Stille danach, und wie gelähmt verharrte das Publikum.

Die Angst vor der drohenden Katastrophe war im ganzen Zelt spürbar. Fünfundzwanzig Sekunden der Angst dehnten sich zu einer kleinen Ewigkeit. Endlich war das Notstromaggregat angesprungen, und die Scheinwerfer flammten wieder auf. Ein kollektiver Seufzer der Erleichterung ging durch die Zuschauerreihen, als sie die Tiere und ihren Dompteur unverändert an ihren Plätzen sahen, und ihre ausgestandene Angst entlud sich in frenetischem Beifall.

Was viele Zuschauer nachher für einen geplanten Nervenkitzel hielten, war in Wahrheit ein durch ein Unglück verursachter Stromausfall im ganzen Stadtteil gewesen.

Am Ende der Premierenvorstellung drängten sich die Presseleute um den Tigerdompteur und verlangten ein Interview. Was er gefühlt habe, wollten sie wissen. Ob er Angst gehabt habe und ob er schon einmal eine so gefährliche Situation erlebt habe.

„Wissen Sie, ich bin durchaus nicht frei von Angst gewesen“, erklärte der Dompteur. „Aber mit der Angst ist es wie mit den Tigern: Sie lauert im Dunkeln. Die Tiger beobachteten mich in der Dunkelheit, ich konnte sie nicht sehen. Mein Vorteil war jedoch, dass sie nicht wussten, dass ich sie nicht sehen konnte. Sie warteten darauf, dass ich einen Fehler machte. Doch die Angst schützte mich vor Fehlern. Also bewegte ich weiterhin die Peitsche und sprach beruhigend auf die Tiger ein. Und das machte ich die ganze Zeit, bis das Licht wieder anging. Und während der ganzen Zeit wussten die Tiger nicht, dass ich sie nicht sehen konnte. Das war jedenfalls meine Methode, mit den Tigern fertig zu werden, die in der Dunkelheit auf mich lauerten.“

54. Selbsterkenntnis

Der Meister erzählte von einem Mann, der plötzlich zu viel Geld gekommen war. Er verwahrte das Geld in einer verschlossenen Truhe, und aus Angst vor Dieben versteckte er die Truhe gut in seinem Hause.

Die Sorge um das Geld ließ ihn bald nicht mehr schlafen. Ständig dachte er sich neue Verstecke aus und verbarg die Truhe bald hier und bald dort.

Aus Angst, irgendetwas zu verraten, wurde er immer schweigsamer, grüblerischer und griesgrämiger.

Eines Tages fiel ihm auf, dass der eigentliche Grund für seine Unruhe bei ihm selbst lag, und er sagte sich:

„Weil ich das Versteck des Geldes kenne, ist nicht auszuschließen, dass ich mich eines Tages selbst bestehle."

Er entledigte sich seines Problems, indem er sein Geld dort versteckte, wo selbst er es nicht mehr finden konnte: Er gab es den Armen.

55. Initiative

Der Pfarrer einer armen Gemeinde war in großen Geldnöten. Das Gotteshaus brauchte dringend ein neues Dach, denn schon regnete es an einigen Stellen rein.

Aber große Spenden waren nicht zu erwarten, weil es in seiner Herde keinen reichen Unternehmer gab und die meisten Mitglieder seiner Gemeinde gerade das Nötigste zum Auskommen hatten.

Er suchte wie immer Trost in der Bibel, und wie er bei Matthäus (7,7) die Worte las: „Bittet, dann wird euch gegeben" und sie bei Johannes (11,22) in dem Vers: „Alles, worum du Gott bittest, wird Gott dir geben" bestätigt fand, da fasste er einen Entschluss: „Ich werde den Herrn inständig um einen großen Lotteriegewinn bitten, damit ich das Dach seines Hauses reparieren lassen kann."

Von nun an betete er jeden Morgen und jeden Abend, dass Gott ihm seine Bitte erfüllen möge. Doch nichts geschah. Der Sommer ging vorbei und die Herbststürme setzten dem Kirchendach noch ärger zu. Der Pfarrer war verzweifelt. Noch immer hatte sich der erhoffte Geldsegen nicht eingestellt, und der Pfarrer betete noch inbrünstiger. Ja, er fing an, den Herrn mit seinem Flehen regelrecht zu bedrängen.

Den Kopf in die Hände gestützt kniete er unter dem Kruzifix. „Warum erhörst du meine Bitten denn nicht, Herr? Was soll ich denn noch tun, als aus tiefstem Herzen zu dir zu flehen?“

Und in seiner Versenkung vermeinte der Pfarrer, mit einem Mal ganz deutlich eine Stimme zu vernehmen, die ihn fragte: „Warum kaufst du nicht endlich ein Los?“

56. Verlangen

Die Tiere hatten eine große Versammlung einberufen, weil sie beraten wollten, wie sie sich gegen den Raubbau der Menschen schützen können.

„Mir nehmen sie fast alles“, sagte die Kuh, „die Milch, das Fleisch und selbst die Haut.“

„Mir geht es auch nicht viel besser“, sagte die Henne. „Mir nehmen sie die Eier weg, und schließlich muss ich in den Topf.“

„Von mir nehmen sie das Fleisch und meine schöne Haut“, sagte das Schwein.

„Und mir rauben sie die Freiheit, weil ich ihnen etwas vorsingen soll“, sagten die Kanarienvögel.

Und so hatten alle etwas zu beklagen: die Hirsche, die Hasen, die Vögel und die Fische, die Wale und die Seehunde, die Leoparden und die Elefanten.

Als alle Gruppen ihre Klagen vorgetragen hatten, ließ sich die leise Stimme der Schnecke vernehmen:

„Was ich habe, würden mir die Menschen sofort wegnehmen, wenn sie könnten. Denn was ich habe, fehlt ihnen zu ihrem Wohlergehen am meisten: Ich habe Zeit!“

57. Geheimnis

Zum Meister kam ein Mann, dem das Schicksal hart mitgespielt hatte, und fragte: „Meister, ich muss dir eine außerordentlich wichtige Frage stellen, denn in meinem Leben habe ich bisher darauf keine Antwort gefunden. Bitte sage mir, wenn du es weißt: Was ist das Geheimnis des Glücks?"

Der Meister besann sich einen Augenblick und sagte:

„Das Geheimnis des Glücks liegt in richtigen Entscheidungen."

„Ja, aber wie kommt man zu richtigen Entscheidungen?", fragte der Mann.

„Durch Erfahrungen", antwortete der Meister.

„Und wie kommt man zu Erfahrungen?"

„Durch falsche Entscheidungen."

In gleicher Ausstattung sind im Verlag Herder erschienen:

Norbert Lechleitner
Balsam für die Seele
Freundschaft
Überraschende Weisheitsgeschichten, die Sympathie schenken
ISBN 978-3-451-06618-4

Norbert Lechleitner
Balsam für die Seele
Glück
Überraschende Weisheitsgeschichten, die inspirieren
ISBN 978-3-451-06619-1

Norbert Lechleitner
Balsam für die Seele
Kraft
Überraschende Weisheitsgeschichten, die stark machen
ISBN 978-3-451-06621-4

Norbert Lechleitner
Balsam für die Seele
Lebensfreude
Überraschende Weisheitsgeschichten zum Genießen
ISBN 978-3-451-06620-7